Kaum dass sie mit ihrem vier Monate alten Sohn im Land der unbegrenzten Möglichkeiten gelandet ist, muss Iris Alanyali feststellen: Mütter und Einwanderer haben erstaunlich viel gemeinsam – eine eigene Sprache, den Hang zur Ghettobildung, die Sehnsucht nach dem früheren Leben. Mit viel trockenem Witz erzählt sie von den Tücken des Mutteralltags in ihrer ganz persönlichen amerikanischen Fernsehserie: Ob allein unter Nannys im Central Park, beim Kinderwagen-Walken oder im Forum der *MultiMütter* – aus der Wickeltischperspektive bietet Iris Alanyali neue, ungewöhnliche und besonders unterhaltsame Einblicke in die Lebensweisen des allerjüngsten Amerikas.

Iris Alanyali wurde 1969 im schwäbischen Sindelfingen geboren. Sie arbeitet als Feuilletonredakteurin bei der *Welt*. Ihr Schreibtisch und ihre Wickelkommode stehen jedoch seit einiger Zeit vor den Toren New Yorks. Bei Rowohlt erschien auch *Die Blaue Reise und andere Geschichten aus meiner deutsch-türkischen Familie*.

Iris Alanyali

DER TEUFEL TRÄGT PAMPERS

Mein neues Leben
in Amerika

Rowohlt Taschenbuch Verlag

Originalausgabe
Veröffentlicht im Rowohlt Taschenbuch Verlag,
Reinbek bei Hamburg, November 2008
Copyright © 2008 by Rowohlt Verlag GmbH,
Reinbek bei Hamburg
Umschlaggestaltung ZERO Werbeagentur, München
(Umschlagnachweis: privat; FinePic)
Satz Lexicon No 1 PostScript, InDesign,
bei Pinkuin Satz und Datentechnik, Berlin
Druck und Bindung Druckerei C. H. Beck, Nördlingen
Printed in Germany
ISBN 978 3 499 62429 2

Für Finn, meinen Engel

Inhalt

Willkommen in Dada-Land
9

Meine eigene amerikanische Fernsehserie
21

Die Folge, in der ich mein altes
Leben zurückhaben will
52

Die Folge, in der ich unter lauter
amerikanische Mütter gerate
71

Die Folge, in der ich leider keine
fernsehreife Familienfeier erlebe
101

Die Folge, in der wir die Nanny
des Schreckens vertreiben
141

Die Folge, in der mich mein
türkischer Geist nervt
163

Die Folge mit Harvey Keitel als Gaststar
185

Die Folge, in der eine neue Hauptfigur auftaucht
204

Willkommen in Dada-Land

Wie aufregend, ich beneide dich!» – Den Satz höre ich häufig, wenn ich berichte, dass ich aus Berlin zu meinem amerikanischen Ehemann in die Nähe von New York gezogen bin.
Aber eigentlich lebe ich nicht in New York, sondern in Dada-
Land. Und mit «Dada» meine ich nicht das mitunter durchaus
dadaistische Leben in Amerika. Im Gegensatz zur Greencard
ist es ganz einfach, die Staatsangehörigkeit von Dada-Land zu
bekommen. Man wird zwangseingebürgert – sobald man ein
Baby hat. Ja, seit ich einen Sohn habe, ist die geographische
Lage meines Wohnortes relativ egal. Ich besuche weiterhin
mehr Spielplätze als Broadwayshows, und über die Dauer der
Nachmittagsschläfchen unterhalte ich mich jetzt eben auf
Englisch.

Die herrschende Klasse von Dada-Land kennt lange Zeit nur
einen Laut, «da-da», und hat trotzdem das Sagen. Dada-Land
ist eine Diktatur. Hier gibt es genau zwei Klassen von Menschen: die, die Windeln wechseln, und die, die ihre Windeln
gewechselt bekommen. Die, die wenig schlafen und essen, und
die, die nur schlafen und essen – wenn sie nicht gerade Zeitschriften zerfetzen, Bücherregale ausräumen oder Computer-
kabel durchknabbern. Bekanntlich wird in Diktaturen ja gern
dafür gesorgt, dass die unterdrückte Klasse jede Verbindung
zur Außenwelt verliert, sie ist dann irgendwann der Meinung,
ein Leben ohne schicke Kleidung, erholsame Wochenenden
und interessante Gespräche sei das Normalste der Welt.

Auch mein Sohn tat sein Bestes, um mich dieser Gehirn-
wäsche zu unterziehen. Doch durch meinen Umzug in die Ver-

einigten Staaten hatte er gegen eine Macht anzukämpfen, die stärker war als er. Schließlich lebte ich jetzt in Amerika, dem Land meiner Fernsehträume. Einer Welt, in der *stay-at-home mom* nicht mit «Bleib zu Hause, Mutti!» übersetzt, sondern zu *Desperate Housewives* wird, der Serie um sechs Frauen, die in einem fiktiven amerikanischen Vorort leben, bis zu fünf Kinder haben und trotzdem hauptsächlich mit Sex, Mord oder Einkaufen beschäftigt sind. Und eines Tages, ich lebte schon eine Weile in den USA, beschloss auch ich, aus der Mutterrolle eine Nebenrolle zu machen und zum Star meiner ganz persönlichen amerikanischen Fernsehserie zu werden.

Ich glaube, es geschah nach jenem Tag im Central Park, an dem ich beinahe erblindet wäre und zum Gespött der Upper East Side wurde. Ich hatte todesmutig beschlossen, ganz allein mit Finn aus unserem Vorort nach Manhattan zu fahren. Wir hatten beide die 40-minütige Zugfahrt überlebt, ich hatte umgehend den Central Park angesteuert, und jetzt spielten Finn und ich auf einer der Nanny-Wiesen, wo an sonnigen New Yorker Tagen Dutzende junger, meist schwarzer Frauen die leuchtend bunten 600-Dollar-Bugaboo-Kinderwagen ihrer Schützlinge unter einer Eiche parken und daneben karierte Decken ausbreiten, auf denen ihre krabbelnden Vierbeiner mitsamt Öko-Keksen, Bio-Apfelsaft-Fläschchen und regenwaldfreundlichem Holzspielzeug genug Auslauf haben. Ich musste an *Die Tagebücher einer Nanny* denken, den Roman, den die Ex-Kindermädchen Emma McLaughlin und Nicola Kraus aufgrund ihrer Erfahrungen mit dem Nachwuchs der New Yorker Upper Class geschrieben haben. An die 25-Punkte-Liste, die überkandidelte Mütter darin den Kindermädchen aushändigen: «Allergisch gegen Milchprodukte, Erdnussbutter und Erdbeeren. Alle Mahlzeiten abmessen – keine Extras. Keine Nahrungszusätze.

Keine Konservierungsstoffe. Keine Mahlzeiten zwei Stunden vor Schlafenszeit ...» Und am Wochenende, heißt es in dem Roman weiter, füttern diese Mütter ihren Kindern guten Gewissens simple Tiefkühlprodukte, weil die Nanny ja den Rest der Woche damit beschäftigt ist, «viergängige makrobiotische Menüs zu kochen».

Finn saß auf der Wiese und starrte ein kleines Mädchen an, das in einiger Entfernung auf einer Burberry-Decke saß und seiner Nanny die Haare bürstete. Ich versuchte ihn unterdessen davon zu überzeugen, dass einem Ball hinterherzukrabbeln die aufregendste Aktivität seit Erfindung von Computerkabeln war. Ich spielte mit vollem Einsatz und hatte – mangels Decke – bereits Grasflecken auf meiner Jeans, die wenigstens von den eingetrockneten Milchrändern ablenkten, als mir etwas ins Auge flog.

Das passiert mir seit meinem sechzehnten Lebensjahr, seit ich Kontaktlinsen trage, etwa alle drei Wochen. Deshalb befindet sich in meinem Kosmetiktäschchen neben Puder, Lipgloss und Pfefferminzbonbons auch ein Erste-Hilfe-Döschen für akute Linsennotfälle. Leidensgenossen wissen: Unter einer (harten) Kontaktlinse kann sich auch der mikroskopischste Fremdkörper ungefähr so anfühlen, als versuche einem jemand mit einem Stück Sandpapier die Iris auszuradieren. Kein schönes Gefühl. Wenn man Glück hat, fängt das Auge an zu tränen. Meines aber wird meistens knallrot, und die Muskeln (so ein Auge wird von erstaunlich vielen Muskeln zusammengehalten) verfallen in Schreckstarre und weigern sich, die Lider mehr als einen Millimeter weit zu öffnen. Unmöglich, die Kontaktlinse dann mit den herkömmlichen Methoden der erfahrenen Trägerin herauszubekommen (mit dem Zeigefinger mal eben die Haut am äußeren Lidrand im richtigen Winkel straffen, und schwups, ist sie draußen). Ich brauchte den Spiegel und (Achtung, empfindliche Nicht-Kontaktlinsenträger überspringen bitte die nächsten Sätze) den Mini-Sauger aus meinem Notfall-Kit. Ja, so eine winzig kleine Saugglocke mitten im Auge auf die Linse zu ploppen und mit Gewalt von der Pupille zu ziehen ist manchmal die einzige Rettung.

Meine Nerven ballerten bereits «Folteralarm! Folteralarm!»-Signale im Nanosekundentakt ans Hirn. Das reagierte wie üblich mit pochenden Kopfschmerzen. Nein, wirklich kein schöner Zustand. Vor allem dann nicht, wenn man einen entdeckungsfreudigen Sohn dabeihat, der beschlossen hat, zu dem Mädchen mit der Bürste hinüberzukrabbeln, ihr dieselbe wegzunehmen und damit über seine eigenen zwölf Haare zu fahren. Schließlich hatte er zu Hause auch so eine, nur ohne die hübschen glitzernden rosa Blümchen. Das Mädchen fing an zu jammern, die Nanny nahm Finn die Bürste weg, Finn schrie. Ich stolperte mit zugekniffenem Auge zu der Gruppe, entschuldigte mich mit schmerzverzerrtem Lächeln und schleppte meinen Sohn zurück zu seinem Kinderwagen.

Halb blind kämpfte ich mit meinem protestierenden Ungeheuer und den Gurten, bis ich Finn endlich angeschnallt hatte und in der Wickeltasche nach meinem Kosmetiktäschchen wühlen konnte. Auf der Wiese landeten in panischer Hektik Windeln, Feuchttücher, Trockentücher, Schnuller, Wundcreme, Fläschchen, Ersatzhosen, ein Ersatzshirt, ein Ersatzstrampler, Cheerios, zwei Gläschen, eine Rassel, ein Pappbilderbuch – Herrgott, hatte ich vorgehabt, mit meinem Sohn über die Grenze nach Mexiko zu fliehen? Von meinen Sachen befand sich in der Tasche nur der Geldbeutel. Großartig – vielleicht ließ sich mein Auge mit Bargeld bestechen?

Jetzt half nur eines: Hinsetzen, und so lange tief durchatmen, bis sich das Auge so weit entspannt hatte, dass ich die Linse doch wieder mit dem Finger entfernen konnte. Finn war empört. Saß seine Mutter da einfach im Gras und ignorierte ihn, den König des Universums. Der Protest wurde lauter. Und lauter. Ich tastete nach dem Schnuller und stopfte meinem Sohn das Maul. Aber mein Sohn ist ja nicht blöd. Er entstopfte sich und brüllte jetzt so laut, dass es nur eine Frage der Zeit war, bis die Parkpolizei mich wegen Kindesmisshandlung mitnehmen würde. Einen Moment lang erwog ich diese Lösung, schließlich könnte ich mich dann halb blind abführen lassen und auf dem Revier um mein Auge kümmern.

Da erblickte Finn die Dose Cheerios im Gras und war schlagartig still, um kurz darauf nachdrücklich «mjamjam!» zu fordern. Das erste Wort meines Sohnes war, glaube ich, gar nicht «Mama», sondern «mjamjam». Er kommt da sehr nach seinen Eltern. Ich drückte ihm die Dose mit den Vollkorn-Ringen (eine Art Cornflakes in Kringelform und Grundnahrungsmittel aller amerikanischen Babys ab dem sechsten Monat) in den Schoß und fuhr mit meiner Meditationsübung fort. Nach gefühlten drei Stunden war es endlich so weit: Das Auge ließ sich öffnen, die Kontaktlinse entfernen. Jetzt brauchte ich Flüssigkeit, um beides abzuspülen. Finns Wasserflasche! Ich schraubte sie auf und wollte gerade vorsichtig etwas Flüssigkeit über die Linse zwischen meinen Fingern gießen, als Finn seine Flasche erkannte und in Sekundenschnelle beschloss, er brauche jetzt dringend etwas, um die Cheerios runterzuspülen. Seine heftige Bewegung erschreckte mich so sehr, dass ich mir das Wasser über meine weiße Bluse kippte. Nur, dass es gar kein Wasser war. Richtig, ich wollte Finn ja mit verdünntem Hagebuttentee Milch-Ergänzungen schmackhaft machen.

Es reichte. Vorsichtig lutschte ich meine Kontaktlinse ab (ja, ich weiß, das ist eklig, und ja, ich weiß, das gehört nach Ärzteansicht zu den Todsünden von Kontaktlinsenträgerinnen) und versuchte sie probeweise wieder einzusetzen. Folteralarm!

Sofort raus mit dem Ding. Notdürftig wickelte ich sie in ein Taschentuch, sammelte den Inhalt der Wickeltasche wieder ein und machte mich auf den Weg raus aus dem Park ins nächste Café. Nur: Der kürzeste Weg raus aus dem Central Park war der zur Fifth Avenue. Upper-East-Side-Fifth-Avenue. Frühstück-bei-Tiffany-Fifth-Avenue. Leute wie Greta Garbo, Jackie Onassis und Joan Collins lebten oder leben in dieser Gegend. Die Benutzung einer Toilette würde hier wahrscheinlich 500 Dollar kosten. Wenn es denn überhaupt eine öffentliche gäbe. Die Fifth Avenue ist, zumindest entlang dem Central Park, nämlich nur mit Wohnhäusern gesäumt.

Ich überquerte also die Nobelmeile und stolperte durch eine Querstraße zur nächsten Avenue. In Manhattan heißen die von Süden nach Norden verlaufenden Straßen Avenues und haben mal Namen und mal nur Zahlen, die Querstraßen heißen Streets und sind meist durchnummeriert. Auf der Madison Avenue gab es offenbar nur Boutiquen und Antiquitätenläden. Auch die Querstraße hatte nichts als Hauseingänge zu bieten. Dann kam die Park Avenue. Dämliche Park Avenue, dachte ich, was für ein alberner Name, du liegst doch noch nicht mal am Park. Boutiquen- oder Banken-Avenue solltest du heißen. Himmel, war ich hier in einem ausgestorbenen New York der Zukunft gelandet?

Wieder kamen mir die *Tagebücher einer Nanny* in den Sinn. Dort heißt es von dieser Gegend, sie sei der Mittlere Westen Manhattans – dünn besiedelt. Sehr dünn: «Zimmer, Zimmer, Zimmer. Und alle leer. Schminkzimmer, Ankleidezimmer, Musikzimmer, Gästezimmer.» Genau, wo waren all die Coffee-shops, wo die Delis, in denen sich Angestellte in ihrer Mittagspause mit Sandwiches, Salaten und frischen Säften versorgen? Die Restaurants? Wo, verdammt nochmal, war McDonald's? Ein Königreich für einen Burger King! Nichts. Nur ein geschlossenes brasilianisches Restaurant und ein geschlossener Italiener. Also weiter.

Inzwischen weiß ich natürlich, dass ich nur mal einen Block nach Norden hätte gehen müssen, um die Toilette des Whitney Museum zu benutzen, oder dass ich zwei Ecken weiter südlich auf eine Starbucks-Filiale gestoßen wäre. Inzwischen würde ich vielleicht sogar die öffentlichen Toiletten des Central Park finden (und sie in einer derartigen Notlage vermutlich sogar in Anspruch nehmen). Aber damals war ich halb blind, schmerzgeplagt und schweißgebadet.

Endlich landete ich auf der Lexington Avenue, wo das pralle New Yorker Leben tobt. Und sah ein Schild «Wireless Café». Hurra! Nur: Wireless Café ist eine Kette, die Mobiltelephone verkauft. Ich war kurz davor, die Verkäufer darum zu bitten, ihre Toilette benutzen zu dürfen, als ich schräg gegenüber ein Stück vom Himmel entdeckte: Payard Patisserie & Bistro. Dass an den Scheiben gleich drei Zettel mit dem Hinweis: «Bitte keine Kinderwagen» klebten, verunsicherte mich nur eine Sekunde lang. Dann riss ich die Tür auf und rollte Finn hinein.

Bei Payard erwarten gedämpftes Licht und eine farblich auf die angebotenen Pralinen abgestimmte, vornehme dunkle Holztäfelung die Gäste. Die Tische sind weiß gedeckt, und am Nachmittag werden auf silbernen Etageren Mini-Sandwiches, Petit Fours und winzige Eclairs serviert.

Aber das alles sah ich da natürlich noch nicht. Ich marschierte an den Vitrinen im vorderen Teil vorbei zum Bistro-Bereich. Eine schwarzgekleidete Angestellte trat neben ihr Stehpult und stellte sich mir elegant in den Weg. Schließlich sucht man sich in Amerika nie selbst einen Tisch, sondern wird auch im schäbigsten Diner zum Platz geleitet. Großartig – in einem Schuppen wie diesem würde mir die Rezeptionistin unter irgendeinem fadenscheinigen Vorwand garantiert den

Zutritt verweigern. Doch die Dame begrüßte mich mit einem so freundlichen Lächeln, als habe sie es ständig mit Müttern zu tun, die einen nassen Fleck auf der Bluse haben, aus einem Auge tränen und ein Kind mit sich schieben, das nur eine Socke trägt (ich habe bis heute keine Ahnung, wie das passiert ist) und von der Stirn bis zum (nackten) großen Zeh vollgekrümelt ist. Ich benötigte gar keine besonderen schauspielerischen Fähigkeiten, um möglichst mitleiderregend darum zu bitten, die Toilette benutzen zu dürfen. Mit einem strahlenden «Selbstverständlich!» wies sie mir den Weg. O du amerikanischer Engel, dachte ich, mögen deine Trinkgelder fließen wie der Kakao in diesem Haus! Ich marschierte mit dem Kinderwagen nach hinten in den Gang zur Toilette, wo mir eine weitere Angestellte, die gerade aus einem Nebenraum kam, sofort lächelnd die Tür aufhielt.

Finn und ich waren für das Payard-Klo eindeutig underdressed. Über dem Porzellanwaschbecken hing ein mit Mosaiksteinchen umrahmter Spiegel, sämtliche Armaturen und auch der Klopapierhalter waren gülden. An den sanftgelben Wänden hingen Stiche von Versailles. Neben der Toilette stand ein altes Nähmaschinentischchen aus dunklem Holz, darauf ein künstliches Limonenbäumchengesteck. In dieser beruhigenden Atmosphäre konnte ich mich endlich um mein Auge kümmern. Ich wusch mein Gesicht, spülte beide Augen und beide Linsen, setzte sie ein und konnte wieder sehen.

Und was sah, nein, roch ich? Finn hatte offenbar beschlossen, auch ein Geschäft zu erledigen. Was nun? Starbucks-Toiletten sind zwar nicht so komfortabel wie die von Payard, haben aber immer einen herunterklappbaren Wickeltisch. Ich würde mich jedoch keinesfalls auf eine weitere Odyssee begeben. Kurz entschlossen stellte ich das Limonenbäumchengesteck auf den Boden, breitete eine Wickelunterlage aus und positionierte meinen zum Himmel stinkenden Sohn auf dem antiken Näh-maschinentisch.

Nach 15 Minuten verließen wir schließlich den Raum, wo-bei mir peinlich berührt auffiel, dass das Einzige, was Payard fehlte, der in amerikanischen Toiletten sonst zum Standard gehörende Raumbedufter war. So wie Amerikaner Frischluft vorzugsweise durch eine Klimaanlage filtern, holen sie sich die Natur gerne in der aufbereiteten Variante als «Pinienwald», «Frühlingswiese» oder «Herbstfeige» ins Haus. Ich nahm mir vor, als Zeichen meiner Dankbarkeit dem Etablissement bei einem nächsten Besuch passend zum Gesteck heimlich einen Zitronenbedufter zu spenden.

An diesem Tag aber zeigte ich meine Freude, indem ich mich vor dem Hinausgehen in die Schlange vor den Vitrinen einreih-te und mich mit Zitronentörtchen, Schokoladeneclair, Birnen-tarte, Croissant, Brioche, einem Baguette sowie einer Schachtel Pralinen eindeckte. Für den Preis hätte ich mir allerdings auch eine Toilette auf der Fifth Avenue mieten können.

Während ich auf die Rückgabe meiner Kreditkarte wartete, versuchte ich, das Paket ohne größere Schäden im Kinder-wagen zu verstauen, und rammte dabei versehentlich einer Dame hinter mir ein Rad gegen die Ferse. Die Frau drehte sich um, und es war, als wäre mir Glenn Close in ihrer Rolle als teuflische Madame Cruella aus *101 Dalmatiner* erschienen. Ein bleichgeschminktes Gesicht unter weißblond onduliertem Haar hatte sich komplett in böse Falten gelegt, eisblaue Augen musterten mich, und in Höhe des Mundes teilte sich ein leuch-tend roter Strich und zischte: «Ich dachte, Kinderwagen seien hier verboten. Aus gutem Grund.» Ich entschuldigte mich und beruhigte dann auf Deutsch meinen zappligen Sohn.

Cruella wandte sich derweil wieder ihrer Begleiterin zu, die ebenfalls aussah, als würde sie für ihren Pelz Hundewelpen bei lebendigem Leib das Fell abziehen, und meinte deutlich hörbar: «Wieder eines dieser ungehobelten Au-pairs. Ich bezweifle, dass die Mutter des armen Jungen weiß, wie ihre Angestellte herumläuft.» Die andere Schreckschraube nickte seufzend und ergänzte mit einem Blick auf meinen derangierten Sohn: «Sind ihrem Job kaum gewachsen, aber sündhaft teure Schokolade auf fremde Kosten, das schätzen sie.» Da reichte es mir. Ich nahm meine Kreditkarte, und mit meinem vernichtenden Blick, den ich mir sonst für besonders dreiste Gigolos in der Türkei aufhebe, sagte ich: «Aus Ihrer Perspektive mag ich ja blutjung erscheinen, und ich danke für dieses Kompliment, aber ich bin tatsächlich die Mutter dieses Jungen.» Das war dürftig, aber mehr fiel mir nicht ein, dafür war ich einfach zu erschöpft. Hocherhobenen Hauptes und wenigstens mit einem Sohn, der wie bestellt zum Abschied sein niedlichstes Lächeln aufsetzte, verließ ich Payard.

Das also war mein schicksalhafter Tag im Central Park. Mir ist natürlich bewusst, wie unrealistisch das alles klingt, doch jede Mutter weiß, dass bei der Geburt ihres Kindes irgendein himmlischer Spaßvogel einen Knopf drückt, um eine Slapstickkomödie in Endlosschleife zu starten. Ich aber beschloss noch am selben Abend, einen anderen Film in meinem Leben einzulegen.

Zumal ich abends, als Finn im Bett lag und ich am Computer mein neues Leben planen wollte, rein zufällig eine Entdeckung machte: Payard hatte vor gar nicht allzu langer Zeit dank einer Szene von *Sex and the City* besondere Popularität erlangt. Es ist nämlich das Geschäft, in dem sich Miranda während ihres Sex- und-Dating-Streiks (4. Staffel, Folge 4) mit Schokoladeneclairs ersatzbefriedigt.

Ich nahm das als Zeichen (das mit *Sex and the City*, nicht das mit dem Sex und der Schokolade) – ab sofort würde mein Leben in Amerika mehr dem gleichen, das ich aus Film und Fernsehen kannte. Denn ich brauchte dringend etwas Vertrautes in meinem Leben. Und es war einfach so: Im Vergleich zur Mutterschaft schien mir Amerika ein Kinderspiel.

Amerika kannte ich aus Kinofilmen und Fernsehserien. Das Muttersein hatte ich nicht einmal pro Woche dienstagabends 45 spaßige Minuten lang üben können. Das Muttersein ist leider nicht Teil der Popkultur: Während Hunderttausende von Frauen, die weder berühmt noch hip sind, ganz selbstverständlich Magazine wie *Glamour* lesen und Serien wie *Sex and the City* gucken, abonniert keine Kinderlose die Zeitschrift *Eltern* oder schaltet freiwillig den Kinderkanal ein. *Desperate Housewives* ist zwar populär – aber da werden die Minderjährigen doch mit dem gleichen Desinteresse in Kauf genommen wie Kinderwagen im Einkaufszentrum. Ich jedenfalls hielt die Figur der Lynette früher immer für die unglaubwürdigste der vier *Housewives* – eine Ex-Managerin, die als Hausfrau und Mutter angeblich kaum mit ihren vier kleinen Kindern klarkommt. Pah! Inzwischen weiß ich: Sie ist die realistische Figur der Serie. Vielleicht wäre *Der Teufel trägt Pampers* ein geeigneter Titel für meine eigene Serie?

Nun wollte ich zwar auch solche Freundinnen wie in *Sex and the City*, wollte wie die Hauptfigur Carrie meine coolen Artikel auch lässig auf dem Bett neben einer Tasse Kaffee hockend tippen können. Ich wollte gleichzeitig skurrile, liebenswerte Nachbarn und ein Stamm-Diner in Stars Hollow wie die *Gilmore Girls* aus meiner Lieblingsserie. Und ich hätte außerdem noch gern einen perfekten Haushalt wie *Desperate Housewife* Bree, bei der es immer aussieht wie in diesen Katalogen der Einrichtungshäuser. Aber ich war ja nicht ganz unrealistisch: Mein US-Serienleben würde wohl doch etwas anders aussehen.

Schließlich hatte ich auch vor Finns Geburt keine hochhackigen Bleistiftabsätze getragen, hatte in meinem ganzen bisherigen Leben ungefähr so viele Sexualpartner gehabt wie die *Sex and the City*-Mädels in einer Folge, unser Wohnort South Orange war von Stars Hollow fast so weit entfernt wie der Mond von den Sternen, und mein idealer Samstagabend war eher ein Treffen mit Freunden beim Italiener als ein paar Cosmopolitans in der Monkey Bar. Mein Serienleben würde also bestenfalls ein Heimkino-Mix aus *Sex and the City*, *Gilmore Girls* und *Desperate Housewives* werden – mit einem ganz großen Schuss *Lindenstraße*.

Meine eigene amerikanische Fernsehserie

Während ich meinem Mann beim Abendessen von meinem Upper-East-Side-Abenteuer berichtete, hatte ich mir gewissermaßen von außen zugesehen. Und das Bild, das ich abgab, gefiel mir gar nicht. Ich war kein Dorftrottel in der großen Stadt. Ich kam aus Berlin, laut *New York Times* eine der «coolsten cities in Europe». Und jetzt hatte ich eben ein Kind. Hieß das: Kein Recht mehr auf schicke Kleidung? Auf Kompaktpuder für unterwegs? Auf Zeitungslektüre, die länger als 30 Sekunden dauert, und auf Mahlzeiten ohne Fleckentferner? Musste ich mich von halbvertrockneten Charity-Greisinnen beleidigen lassen? Was war aus mir geworden?

In einem amerikanischen Film käme jetzt eine Rückblende.

.

Ich habe meinen Mann auf einer Hochzeit in Südafrika kennengelernt. Damals war Robert Doktorand der Geschichte mit Schwerpunkt Südafrika und verbrachte ein Auslandssemester an der Uni von Pietermaritzburg. Er teilte sich eine WG mit Ian, einem Doktoranden der Philosophie aus Kapstadt. Der wiederum hatte an der Universität Sybille kennengelernt, deutsche Pharmazeutin und für ein Jahr zu Forschungszwecken in Südafrika. Ich kannte Sybille aus Berlin und wurde im Januar 2001 zur Hochzeit eingeladen, Robert war Ians Gast.

Das Fest wurde im Garten einer Villa in Kapstadt gefeiert. Wir saßen an einer langen weißgedeckten Tafel und aßen Shrimp-Spießchen mit Erdnusssoße, marinierten Snoek-Fisch, Straußensteaks mit Cranberrys und Süßkartoffeln, Lammcurry und einen Hochzeitskuchen mit Ananas und Papaya. Es gab

Wein von den Hängen des Tafelbergs, und lange nach dem Essen, nach all den spaßigen Reden und lauter neckischen Toasts auf die ungewisse Zukunft des deutsch-südafrikanischen Brautpaars, nachdem sich Eltern und ältere Gäste verabschiedet hatten, tanzte morgens um zwei ein winziges Grüppchen auf der Terrasse zu Johnny Clegg and Julukas «Scatterlings of Africa». Da erst fiel Robert mir auf. «Hemmungen, sich zum Affen zu machen, hat der offensichtlich nicht», dachte ich mir, als ich seine zappeligen Verrenkungen betrachtete, und sah das als gutes Zeichen. Schließlich würden wir die nächsten fünf Tage gemeinsam mit drei weiteren Hochzeitsgästen als Zweckgemeinschaft eingezwängt in einem grünen Polo verbringen, auf einer Fahrt quer durchs Land zurück zum Wohnort des Brautpaares, Pietermaritzburg bei Durban. Da will man keine coolen Aufreißer, da hofft man auf lockere Reisegefährten.

Und tatsächlich wurden diese fünf Tage eine der schönsten Reisen, die ich je unternommen habe. VW hätte unseren Trip sponsern sollen, denn er hätte einen erstklassigen Werbetrailer abgegeben. Saßen doch in einem Auto, das eindeutig für maximal vier Personen und ihr Handgepäck konstruiert ist, ein Amerikaner, ein Brite, zwei Deutsche und ein Südafrikaner mitsamt ihren Safari-Koffern, sangen laut den Soundtrack von *Priscilla, Königin der Wüste* mit, während sie durch die Kleine Karoo fuhren (immerhin eine Halbwüste), und schafften es, nach jeder Weinprobe noch ein paar Fläschchen in die verschiedenen Ritzen und Eckchen dieses Wunderwagens zu quetschen. Und das alles inmitten der südafrikanischen Kulisse, die wirklich so traumhaft schön, so exotisch, so Ich-hatte-eine-Farm-in-Afrika-mäßig romantisch war, wie man immer hört.

An die fünf Tage schloss sich mein dreiwöchiger Urlaub an, während dessen Robert und ich uns fast täglich trafen. Drei Wochen nach meiner Rückkehr besuchte er mich in Berlin. Ich flog einmal in die USA. Dann zog er neun Monate zu mir, um seine Doktorarbeit zu schreiben. Er kehrte zurück, fand eine Stelle als Assistenzprofessor für Geschichte an einer Universität, und wir sahen uns fortan fünf Monate im Jahr: Ich flog im Frühjahr und Herbst in die USA, und die unterrichtsfreie Zeit im Sommer und zu Weihnachten verbrachte Robert bei mir in Berlin. Vier Jahre nach Südafrika heirateten wir in Las Vegas.

Eine binationale Hochzeit in Amerika war, was den bürokratischen Aufwand anging, einfacher, und in Amerika wiederum stellt die Stadt der Elvis-Presley-Trauzeugen und Drive-through-Kapellen bekanntlich die geringsten Anforderungen. Sie gab uns die Gewissheit, nicht plötzlich ohne ein dringend benötigtes Papier dazustehen, das in meiner Berliner Schublade steckte, und uns nicht mit einem Amtstermin für eine ungeahnte Formalität zu überraschen, der zwei Wochen nach meinem gebuchten Abflug lag. Ich war nie der Weißes-Brautkleid-Typ gewesen und sah das ganz pragmatisch.

Unser Hotel war das Mirage, wo Siegfried und Roy ihre Show vorgeführt hatten, bis eine der weißen Riesenkatzen Roy in den Hals biss. Das beendete ihre Bühnenkarriere, weshalb nur zwei traurige Tiger im Hotel übrig geblieben waren, an deren Glaskäfig man auf dem Weg zum Pool vorbeikam. Von der Fensterfront unseres Zimmers im 24. Stock sah man auf einen künstlichen Wasserfall, in der Lobby von der Größe einer Kleinstadt verirrte man sich zwischen Dschungelpflanzen, den dazwischen versteckten einarmigen Banditen und den Spieltischen des Casinos. Außerdem gab es noch rund 20 Restaurants und Bars, ein Delphinbecken und ein Aquarium, dessen tropische Fische hinter dem Empfangspersonal der Rezeption vor sich hin blubberten.

Wir hatten Roberts ältesten Freund und seine Frau eingeladen, uns als Trauzeugen zu begleiten. Am Hochzeitstag holte eine etwa einen Kilometer lange weiße Limousine uns vom Hotel ab. Fahrer Miguel machte uns pflichtschuldig auf jeden Elvis-Imitator am Straßenrand aufmerksam und brachte uns zuerst zum Standesamt, wo wir uns zusammen mit alten Texanern und ihren knapp volljährigen mexikanischen Bräuten in eine Schlange einreihten. Im Amtszimmer waren alle Schalter besetzt, der Raum war voller Menschen. An einem Tisch redete gerade eine Standesbeamtin laut und deutlich und sehr langsam auf ein junges Mädchen ein: «Ver-ste-hen-Sie-mich? Wenn-Sie-hier-unter-schrie-ben-ha-ben, sind-Sie-ver-hei-ra-tet!»

Die Überprüfung unserer Dokumente – nichts als unsere Ausweise und Geburtsurkunden – dauerte zwei Minuten. Mit unseren abgestempelten Unterlagen ging es weiter zur «Hochzeitskapelle», der Nachbildung einer weißen Dorfkirche in Downtown Las Vegas, das in dieser Gegend eher aussah wie ein Gewerbegebiet, wo das Hochzeits- in friedlicher Koexistenz mit dem Baugewerbe besteht: Künstliche Kirchtürme neben halbfertigen Bürogebäuden, wohin man blickte. Unsere Kirche hatte einen Empfangsbereich, der an eine kleine verspiegelte Hotelrezeption erinnerte. Wir unterschrieben unsere Ehepapiere auf einem verglasten Vitrinentisch, in dem Plastikblumensträuße (weiß und cremefarben), Plastikbrautpaare und Trauringe (kein Plastik) zum Verkauf ausgestellt waren, dann führte uns ein Angestellter namens Joe mit einem Ghettoblaster auf der Schulter strammen Schrittes nach draußen.

Wir hatten das *Gazebo Package* gebucht, eine Trauung in der Gartenlaube inklusive «traditioneller Hochzeitsmusik» und einer freikirchlichen Pfarrerin, die uns in einer «weltlichen Zeremonie» trauen würde. Joe stellte den CD-Player auf die Gartenlaubenbrüstung, gratulierte und versicherte uns, Reverend Marie sei jeden Augenblick da. Er drückte die Play-Taste, klassische Musik schepperte aus den Lautsprechern, und Joe verschwand. Wir tanzten Walzer auf der Wiese, machten alberne Fotos vor der Kapelle und der gegenüberliegenden Baustelle, dann kamen Reverend Marie und Joe, der jetzt als Videokameramann fungierte und die unerwartet stimmungsvolle, schlichte Zeremonie für die Ewigkeit festhielt. Eine Stunde später saßen wir wieder in der Limousine auf dem Weg ins Hotel, telefonierten mit allen Verwandten in Deutschland und Minnesota und schworen uns gegenseitig kichernd, wir seien schon ganz betrunken von dem Mineralwasser, das wir aus den Champagnerkelchen der Minibar im Wagen tranken – wir hatten zwar Champagner mitgebracht, aber Alkohol war in Miguels Limousine nicht erlaubt.

Kurz: Für Frauen, die schon ihre Barbiepuppen mit drei Schleiern den Gang zum improvisierten Traualtar haben entlangschreiten lassen, ist Las Vegas wahrscheinlich ein Albtraum. Für mich, die ich zwar mit Freuden sehe, wie alle meine Freunde und Freundinnen in einer ordentlichen Kirche getraut werden, aber auf große Zeremonien, in denen ich selbst eine Hauptrolle spielen muss, fast so allergisch reagiere wie auf Birkenpollen und Céline Dion, war Las Vegas genau das Richtige. Für mich war meine Hochzeit romantisch wie im Film. Vielleicht nicht romantisch à la Hollywood, aber sehr Independent-Movie-mäßig romantisch, sehr auch-die-absurdesten-Umstände-und-skurrilsten-Nebenfiguren-können-dem-ungleichen-Paar-nicht-das-Happy-End-verderben-mäßig romantisch.

Und das vielleicht Schönste an unserer Hochzeit war die Hochzeitsreise. Wir fuhren quer durchs Land zurück nach New Jersey, wo Robert inzwischen eine feste Stelle hatte. Wir übernachteten in Motels, aßen Pancakes und Hamburger in örtlichen Diners, die selbstgemachte Limonade in großen, vor Kälte schwitzenden Gläsern servierten und wo abgehärmte Frauen in rosafarbenen Kitteln mir kostenlosen Kaffee nachschenkten. Wir wanderten bei glühender Hitze durch den Grand Canyon, gerieten in New Mexico in einen Schneesturm, wir sahen die roten Felsen des Monument Valley im Sonnenuntergang, und wir durchquerten die menschenleeren Steppen von Oklahoma.

Unsere Hochzeitsreise wurde ein ebenso legendärer Trip wie die Fahrt, auf der wir uns kennengelernt hatten, ein *road movie*, von dem wir einst unseren Kindern und Kindeskindern erzählen würden, als Oma und Opa, händchenhaltend auf einem Sofa sitzend, mit faltigen Gesichtern, heftig gestikulierend und uns gegenseitig ins Wort fallend. So jedenfalls stelle ich mir das vor.

Vorerst aber sahen wir uns genauso häufig wie vor der Hochzeit. Ich fand unsere Fernbeziehung aufregend und romantisch und ließ mich von Freunden und Bekannten dafür bewundern, dass sie so lange und so gut hielt.

Und dann bekamen wir ein Kind. Ende des großen amerikanischen Kinos. Willkommen in der Wirklichkeit von Dada-Land.

Wir wohnen in einer Vierzimmerwohnung in South Orange, New Jersey. Vier Monate nach Finns Geburt nahm ich drei Jahre Elternzeit und zog hierher zu meinem Mann. Er hat meinetwegen einen Job in der Nähe von New York angenommen, damit mir die Umstellung von Berlin nicht so schwer fällt – freiwillig würde ein Amerikaner aus dem Mittleren Westen wohl nie nach New Jersey ziehen. Aber ich bin inzwischen selbst schon so amerikanisch, dass mir dieser Staat peinlich ist. New Jersey, das sind Gebrauchtwarenhändler, die zu viel Aftershave tragen, und Straßen mit zu viel Verkehr, Friseurinnen mit zu viel Schminke und Verkehrsschilder, die einen grundsätzlich in die falsche Richtung führen. Was die Vorurteile angeht, so ist New Jersey Amerikas Ossi-Land. Nur dass es ungefähr tausendmal so dicht besiedelt ist. In New Jersey ist es laut, voll und eng. In New York ist es auch laut, voll und eng, aber da gilt als cool, was in New Jersey proletarisch geschimpft wird. Also sage ich immer, ich lebe bei New York, wo wir doch mit dem Vorortzug in einer guten halben Stunde dort sind.

South Orange hat rund 17000 Einwohner, eine Universität, eine Stadtbücherei und eine etwa 500 Meter lange Hauptstraße mit Geschäften und Restaurants. Eigentlich mag ich South Orange. Oscar-Preisträger Kevin Spacey stammt von hier, und seine Schauspielkollegin Elisabeth Shue. Auch Zach Braff, einer meiner amerikanischen Fernsehserienhelden (*Scrubs*). South Oranges Markenzeichen sind die Gaslaternen, die hier die Straßen anstelle der herkömmlichen Lampen säumen, weil der Ort sehr stolz darauf ist, bereits 1680 gegründet worden zu sein. Stolz zu Recht, wird in diesem Land doch um jeden Stein, der vor dem Ersten Weltkrieg gelegt wurde, ein Museum für Lokalgeschichte errichtet.

Und anders als so viele andere Orte mit direktem Bahnanschluss nach New York leben hier nicht nur Anwälte und Broker, deren Frauen der Kinder wegen darauf bestanden haben, in die Vorstadt zu ziehen, sondern auch viele Schwarze aus einfachen Verhältnissen. Und bei schlechtem Wetter ist das Starbucks-Café am Bahnhof ein beliebter Zufluchtsort der drei örtlichen Penner, was diesen Ort für mich als Ex-Berlinerin glaubwürdiger macht. Der Nachteil der demographischen Verhältnisse ist allerdings, dass man im Sommer keinen Schaufensterbummel mit dem Kinderwagen unternehmen mag, weil hier keine gelangweilten Anwaltsgattinnen Geschenke- und Handtaschenboutiquen eröffnen, sondern die Läden entweder leer stehen oder Afro-Beauty-Artikel anbieten. Oder Hotdogs.

Wobei wir uns kulinarisch in South Orange nicht beklagen können. Die Pizza von Reservoir Pizzeria gilt als die zweitbeste der Gegend, Bonté bietet – für eine amerikanische Kette sehr exotisch – zuckrige «belgische» Waffeln an, und es gibt kaum eine bessere Art, sich für einen anstrengenden Tag in New York zu stärken, als sich auf dem Weg zum Zug in die Schlange bei Bagels Abroad einzureihen und ein dickes getoastetes Speck-Käse-Ei-Bagelsandwich zu bestellen. In höchstens 40 Minuten bin ich mitten in Manhattan – und gleichzeitig kann es passieren, dass auf dem Weg ins Fitnessstudio wilde Truthähne vor mir die Straße überqueren. Immer wenn mir das passiert, denke ich mit albernem Entzücken: «Das ist Amerika!»

Häuser kann man sich aber auch in South Orange nicht leisten, wenn man «nur» Professor für Geschichte und eine vor sich hin schriftstellernde Mutter ist. Der Durchschnittspreis liegt bei fast einer halben Million Dollar (landesweit sind es 200 000 Dollar); im New Yorker Einzugsgebiet hat auch die große amerikanische Hypothekenkrise von 2007 nicht viel daran geändert. Oder besser gesagt: Auch hier purzelten zwar die Beträge, aber da die meisten ihre Häuser noch zu den bewährt astronomischen Preisen gekauft haben, wollten sie sie einfach nicht für weniger verkaufen. Und blieben trotzig darauf sitzen.

Also wohnen wir zur Miete. Mich stört das nicht wirklich, ich habe mein ganzes Leben in Mietwohnungen verbracht, aber für einen Amerikaner ist das eine gänzlich unnatürliche Lebensform. Amerikaner wachsen im Haus ihrer Eltern auf, nach dem College beginnen sie mit dem Gehalt ihres ersten Jobs ihr erstes eigenes Häuschen abzubezahlen, und nach drei Jahren – so die Faustregel – kann man es mit Gewinn verkaufen und in eine andere Stadt und/oder ein größeres Haus ziehen.

Denn der Amerikaner an sich – mein Mann eingeschlossen –

braucht seinen Freiraum. So wie man vom Staat erwartet, dass er sich nur um das Nötigste kümmert und seine Individuen ansonsten in Ruhe lässt, muss man von seinen Nachbarn durch mehr als eine Wand getrennt leben, um ein entspanntes Verhältnis zu ihnen haben zu können. Deshalb würden sich Amerikaner in einem vollbesetzten Café auch niemals zu anderen an den Tisch setzen. Einmal musste ich in Berlin unbedingt die Sachertorte im Café Schönbrunn essen, und zwar sofort (nein, damals war ich noch nicht schwanger, das ist bei mir immer so), aber wie üblich war es proppenvoll. Als ich Anstalten machte, mich zu einem Paar an einem Sechsertisch zu setzen, sah Robert mich an, als hätte ich eine Runde Gruppensex vorgeschlagen. Amerikaner tun so etwas nicht. Kunststück, die haben ja auch massenhaft Platz. Vor allem im Mittleren Westen, dem Herz Amerikas und Roberts Heimat, sind die Toiletten in den meisten Restaurants größer als die Badezimmer in Berliner Altbauwohnungen. Jeder örtliche Supermarkt hat einen Parkplatz, auf dem man locker Fußballspiele austragen könnte, und auf dem Land wirken dreistöckige Gebäude wie Wolkenkratzer, weil sonst der Lagerhauslook dominiert: lang und breit und flach und nicht einfach nur rollstuhlgerecht, sondern rollstuhlpartygerecht.

Robert ist es deshalb auch, den unsere Nachbarin ganz nervös macht. Holly wohnt unter uns im Souterrain und ist, was Amerikaner eine *catlady* nennen, eine Katzendame. Mitte dreißig, klein, dicklich, mit Brille und ohne Freunde. Nach 18 Uhr, die Erfahrung machen alle Nachbarn schnell, öffnet sie die Tür nur mit einem Küchenmesser in der Hand. Holly hat zwar keine Katze, aber offensichtlich das Gehör eines Hundes. Ich dachte ja immer, Amerikanerinnen begrüßen neue Nachbarn mit einem Teller selbstgemachter *cookies*, aber das gilt offensichtlich nur für Hausnachbarn. Holly jedenfalls feierte unseren Einzug mit regelmäßigem Besenklopfen gegen ihre Zimmerdecke. Als wir nach zwei Wochen Freunde mit dreijährigen Zwillingen zu Besuch hatten, klopfte sie an unsere Tür und eröffnete das Gespräch mit den Worten: «Ich wohne unter Ihnen, und da ist es sehr laut. Haben Sie die im Mietvertrag vorgeschriebenen 50 Prozent Teppich auf Ihrem Holzfußboden?»

Eines Abends, so gegen zehn, saß ich auf der Couch und pumpte Milch ab. Allen Nichtmüttern sei gesagt, dass Milchpumpen zwar eine äußerst praktische Einrichtung sind, wenn man sein immer hungriges Baby mal für länger als drei Stunden der Obhut des Vaters oder anderen euterlosen Babysittern überlassen will. Allerdings müssen Rabenmütter, die sich diese Freiheit erlauben, dafür bitter bezahlen. Nur Gynäkologiestühle und Umkleidekabinen bringen Frauen in ähnlich würdelose Situationen. Man hält mit einer Hand einen riesigen Sauger an seinen nackten Busen und pumpt entweder mit der anderen Hand per Hebel oder elektrisch per Knopfdruck Milch in das an den Sauger angeschraubte Fläschchen. Und mit jedem Pumpzug dringt ein dumpfes Raunen ans mütterliche Ohr: «Mmpfh-Krr…» – «Mmch-Kh…» – «Mmlch-Kh…» Milchkuh. «Du bist nichts als eine Milchkuh», sagt die Pumpe: «Du bist keine Frau mehr. Nie hatte dein Busen weniger mit Erotik zu tun als heute. Du suchst BHs nicht mehr nach dem Spitzenbesatz aus, sondern danach, ob sich mit ihnen Spitzenleistungen im Brustfreimachen bei Schreiattacken erzielen lassen. Du hast nach der Geburt über deine viermal so große Körbchengröße frohlockt? Ha! Brustvergrößerung bedeutet in deinem Fall nicht Sexsymbol, sondern Euter. Nur: Echten Milchkühen geht es besser als dir. Die dürfen zwischen dem Melken friedlich auf der Wiese grasen. Kauen und glotzen und wiederkäuen. Du darfst zwischendurch Wiedergekäutes aufwischen. Oder Windeln wechseln.»

In dieser Situation also saß ich auf dem Sofa, die leise surrende elektrische Pumpe vor mir auf dem Teppich. Da klopfte es. Robert, den ich ins Nebenzimmer verbannt hatte, weil man sich meiner Ansicht nach seinem Ehemann beim Milchabpumpen ebenso wenig präsentieren sollte wie beim Zahnseidebenutzen oder Mitesserausdrücken, ging öffnen und kam ein paar Minuten später mit betretenem Gesichtsausdruck zurück. «Holly fragt, ob wir einen Generator in der Wohnung laufen haben. Bei ihr würden die Fensterscheiben vibrieren.» Mir plumpste die Pumpe vom Busen. Während mein peinlich berührter Minnesota-Mann am liebsten sofort ausgezogen wäre, hätte ich, die ich mein Leben erst mit schwäbischen und dann mit Berliner Nachbarn verbracht hatte, am liebsten sofort noch den Staubsauger, die Küchenmaschine und das Radio eingeschaltet. Oder nein: einfach nur den Fernseher auf die Lautstärke hochgedreht, die Holly für ihre Actionfilme zu benötigen schien – da war ihr Gehör nämlich plötzlich anscheinend ganz miserabel. Diese Frau brauchte dringend einen Mann.

Den hatte ich zwar gerade nicht zur Hand, wohl aber echte deutsche Milchschokolade und einen halben Blumenstrauß. Schokolade muss man sich in den USA grundsätzlich aus Deutschland mitbringen, will man nicht zeitaufwendige Suchen starten und Feinkostpreise für «European style chocolate» zahlen. Während sie ganz hervorragende Chocolate Chip Cookies oder Brownies herstellen können, haben Amerikaner von Tafelschokolade nämlich keine Ahnung. Süßigkeiten bestehen hier zu geschätzten 90 Prozent aus Zucker – Schokolade eingeschlossen. Jedenfalls schmeckt sie so. Oder die eiligen Amerikaner halten nichts vom Konchieren, schließlich sorgt dieses lange, mitunter tagelange Rühren der Kakaomasse für das, was die Werbung ganz richtig den «zartschmelzenden Milchgeschmack» nennt. Oder sie möchten in ihrer Fett-Paranoia möglichst wenig Kakao verwenden. Wie dem auch sei, Besuch aus Deutschland braucht ohne quadratisch-praktisch-gute Mitbringsel gar nicht erst an unsere Tür zu klopfen, und in meinen eigenen Koffern wechselt sich jede Lage Kleidung grundsätzlich mit einer Schicht Schokoladentafeln ab.

Schnittblumen wiederum sind hierzulande so teuer, dass man sich für den Preis eines Straußes Tulpen halb Holland kaufen könnte. Die hohen Schnittblumenpreise sind – neben der Abwesenheit von Quark – ein beliebtes Thema in Internet-foren ausgewanderter Deutscher, aber einen Grund dafür hat bisher noch niemand herausgefunden. Eine private Blumen-straußkultur scheint einfach nicht besonders verbreitet, und deshalb liegt der Marktpreis höher. Meine Theorie: Weil alle ein Haus mit Garten haben, wollen sie drinnen kein Grünzeug. Oder sie schneiden es sich selbst ab. Oder: Weil amerikanische Frauen von Männern erwarten, dass sie sich ordentlich für sie ins Zeug legen, müssen Blumensträuße schön teuer sein, sonst lässt sich die Angebetete damit nicht beeindrucken.

Wie dem auch sei, am nächsten Tag griff ich beherzt in die Blumenvase auf unserem Esstisch, in der sich angesichts eines erwarteten Besuchs 15 traurige Tulpen aus einem Supermarkt-Sonderangebot langweilten, entnahm meinem wertvollen Schokoladenvorrat eine Tafel und klingelte an Hollys Keller-wohnung. Schließlich würden wir es noch eine Weile mitein-ander aushalten müssen, und schon wegen Robert war mir eine gute Nachbarschaft wichtig.

Holly machte zwar ohne Messer in der Hand auf, aber auch, ohne die zweite Tür mit dem Fliegengitter zu öffnen. «Hallo», sagte ich so strahlend, als wären wir alte Highschool-Freundin-nen, «ich bin Iris, deine neue Nachbarin von oben. Ich wollte mich endlich mal offiziell vorstellen, nachdem du meinen Mann ja schon gesprochen und meinen Sohn bestimmt schon gehört hast.» Es folgte ein etwa 20 Minuten langes Gespräch durch das Fliegengitter. Ich stellte mich kurz vor, entschuldigte mich im Voraus für den Wochenendbesuch eines befreundeten Paares mit einem sechs Monate und einem vier Jahre alten Jungen und überreichte ihr Schokolade und Blumen (das Fliegengitter wurde einen Spaltbreit geöffnet und fiel dann wieder zu).

Holly erzählte, dass ihr Bruder zwei Jahre in Deutschland gelebt habe, sie hätte aber keine Ahnung mehr wo, sie stamme aus Staten Island und arbeite in New York. Die Kinder ihres Bruders langweilten sie zu Tode, er traktiere sie trotzdem ständig mit Fotos, und sie habe keinen Partner (das betonte sie dreimal), weswegen sie am Wochenende viel Zeit zu Hause bei lauter Musik zu verbringen liebe, die sie aber erst um elf Uhr einschalte, sie schlafe nämlich lange. Ich solle Bescheid sagen, wenn mein Sohn mal krank sei, dann würde sie die Musik leiser drehen. Ich erwiderte, der wegen der Musik verschnupfte Mann in der Familie sei eher Robert, aber ich hätte ihm schon erklärt, dass das eben so sei in einem Mietshaus, die gegenseitige Lärmbelästigung gleiche sich immer irgendwie aus. Holly meinte, solange wir den Kleinen von ihrem Schlafzimmer fernhielten, störe er sie gar nicht, wenn sie schlafe, dann schlafe sie nämlich. Sie habe ja schließlich auch keinen Partner. «Wenn du deinen gesellschaftlichen Umgang durch ein Fliegengitter pflegst, wird sich das so schnell auch nicht ändern», dachte ich, sagte aber nur, unser Schlafzimmer, das direkt über ihrem liegt, sei in Zukunft für Finn am Wochenende vor elf tabu.

Von da an waren wir die besten Freundinnen, was sich darin äußerte, dass Holly mich jetzt grüßte, wenn wir uns auf dem Weg zwischen Haus und Parkplatz begegneten.

Apropos Parkplatz. Zu den wichtigsten Besitztümern eines Amerikaners gehört bekanntlich ein fahrbarer Untersatz. Wir brauchten also direkt nach unserer Ankunft erstens ein Auto und zweitens einen Kinderwagen.

Ein Autokauf ist bedeutend einfacher. Zumal ich den ganz meinem Mann überlassen konnte, schließlich gehe ich davon aus, dass Robert als Amerikaner schon als Autoexperte auf die Welt gekommen ist. Die einzige Bedingung, die ich an unsere zukünftige Familienkutsche stellte, war, dass sie vier Räder besaß und mich so verlässlich wie möglich von A nach B bringen würde. Deshalb entschieden wir uns für einen Neuwagen, denn ich weigerte mich auch, Gebrauchtwagen-Eigenheiten in Kauf zu nehmen, wie etwa «den Kofferraum kriegt man nur auf, wenn man gleichzeitig gegen den rechten Hinterreifen tritt», oder «der Fensterheber des Beifahrers funktioniert nur, wenn draußen zwischen 58 und 63 Grad Fahrenheit herrschen, aber sonst ist der Wagen in einem Top-Zustand!». Roberts Wahl fiel auf einen Japaner, der Durchschnittsamerikaner setzt nämlich allergrößtes Vertrauen in japanische Autos. Ich plädierte für eine Ausführung in Silber und fand die hellen Sitze dazu sehr schick, doch der Verkäufer warf einen Blick auf Finn in seiner Babyschale und riet eindringlich zu Dunkelgrau.

Und dann hatte ich zum ersten Mal in meinem Leben einen Autoschlüssel am Schlüsselbund. Ich kam mir ungeheuer reif vor, als sei dieser Autobesitz das Erwachsenste, was ich bislang geleistet hatte. Gut, ich hatte ein Kind bekommen, das war sicherlich viel bedeutender, aber anders als Finn hatte dieser dicke schwarze Autoschlüssel lauter Knöpfchen, auf denen man gefahrlos herumdrücken durfte. Und der Wagen gehorchte aufs Wort, die Türen und der Kofferraum ließen sich ohne Widerstand per Fernbedienung (und ohne Fußtritt) öffnen und schließen. Ich experimentierte entzückt mit der Reichwei-

te herum und stellte fest, dass ich von unserem Schlafzimmer-
fenster aus schon mal die Fahrertür entriegeln konnte, bevor
ich mich auf den Weg zum Parkplatz machte. Außerdem ließ
sich mit der Fernbedienung auch ein Alarm auslösen, sollte ich
zum Beispiel einmal die Koordinaten meiner Parklücke vergessen haben. Was sich von großem Nutzen erwies angesichts der
gigantischen amerikanischen Parkplätze, zu denen sich mein
Spatzengedächtnis umgekehrt proportional verhält.

Der Autokauf war damit also erledigt, wir gaben unseren
Mietwagen ab und fuhren im eigenen Auto zu Babies
"R" Us. Das ist eine Ladenkette mit riesigen Hallen, in denen
man eine große Auswahl an Babybedarf zu günstigen Preisen
findet, aber keine Fachberatung. Das Personal besteht zu 80
Prozent aus afroamerikanischen jungen Männern, die (hoffentlich) selbst noch keine Kinder haben und recht hilfsbereit
sind, deren Hilfe sich jedoch größtenteils auf das Ablesen der
Herstellerinformationen auf dem Preisschildchen am Regal
beschränkt. Aber wir waren ja vorbereitet. Ich hatte wie üblich
stundenlang das Internet nach Artikeln über den idealen Kinderwagen durchforstet, auf der Suche nach genau dem Modell,
das nicht nur Haltungsschäden verhindern würde, sondern
im späteren Leben möglichst auch Rheuma, Husten, Schnupfen und Schnarchen. Mein pragmatischer Ehemann hatte die
Testberichte von Nutzern gelesen und wusste, welcher der bil-
ligeren Wagen sich am leichtesten auf- und zuklappen ließ und
am benutzerfreundlichsten war.

Jetzt mussten wir nur noch ein Kompromissmodell finden.
Vor allem, da kaum eines unserer recherchierten Modelle bei
Babies "R" Us vorhanden zu sein schien. Ratlos ruckelten wir
an diesem und jenem Griff, klappten hier mal ein Verdeck her-
unter und prüften dort das Fassungsvermögen des Korbes un-

ter dem Sitz. Ich entdeckte, dass einige Modelle mit Getränkehalter geliefert wurden, sah mich bereits mit meinem friedlich schlafenden Sohn und einem großen Caffè Latte durch den Park flanieren und hatte augenblicklich ein weiteres Kaufkriterium ziemlich weit oben auf meiner Liste. Dann kam ein Verkäufer. Nachdem wir ihm gesagt hatten, was wir suchten, führte er uns schnurstracks in den Gang mit den Autositzen. Das hier sei das beliebteste Modell, führte er aus, diese Babyschale lasse sich nämlich ganz einfach auf jenes Fahrgestell montieren. Das Ding sah aus wie ein Einkaufswagen mit erhöhtem Korb, in den man eben mal ein Kind aus der Frischfleischabteilung packen konnte. «Nein, wir suchen einen Kinderwagen», korrigierte ich den jungen Mann. Ja sicher, erwiderte der Verkäufer, Babyschale plus Fahrgestell ergebe Kinderwagen.

«Also, in dieser gekrümmten Haltung schiebe ich *mein* Kind nicht durch die Gegend!», informierte ich meinen Mann. Schließlich lernen wir deutschen Mütter aus unseren Ratgebern als Erstes, dass ein Neugeborenes ganz flach liegen muss und auch später generell so wenig Zeit wie möglich in seiner Autoschale verbringen soll. Typisch, dachte ich, der gemeine Amerikaner wird von Geburt an auf seine natürliche Lebensform als Autofahrer vorbereitet. Und wahrscheinlich gab es die Babyschalen auch noch in der Luxusversion mit vorne anmontiertem Fernseher und Popcornspender.

«Danke», sagte Robert freundlich, «aber wir haben schon eine Babyschale. Wir sehen uns einfach nochmal bei den Kinderwagen um.» Wir kehrten zurück in den Nebengang, und ich klappte bei allen verfügbaren Modellen die Rückenlehne um und kontrollierte, wie flach sich die Liegefläche stellen ließ. Nach dieser Vorauswahl suchte ich darunter jene aus, die über einen Getränkehalter verfügten. Außerdem musste sich die Wickeltasche im Korb verstauen lassen und das Verdeck beweglich genug sein, um mein zartes Kind vor den Strahlen der unbarmherzigen Sonne zu schützen. Dann durfte Robert zwei davon auswählen. Er wählte die beiden billigsten.

«Und jetzt machen wir eine Probefahrt!», verkündete ich.

«Wir haben ja noch nicht mal bei unserem eigenen Wagen eine Probefahrt unternommen», schüttelte er den Kopf.

«Dafür warst ja auch du zuständig, und wenn mir an dem Auto etwas nicht passt, wird es deshalb für immer deine Schuld sein», erklärte ich ihm triumphierend. «Den Kinderwagen suchen wir nach meiner Methode aus.»

Ich kramte das Spucktuch und die Wickelunterlage aus der Tasche, legte sie in Wagen Nr. 1 aus, bettete meinen Sohn darauf und schob los. Robert trottete in einigem Abstand mit der leeren Babyschale am Arm hinter uns her. Wir hatten eine lange Einkaufsliste mitgebracht, aber natürlich war mir die Probefahrt, während deren ich Finns Gesichtsausdruck aufmerksam beobachtete, vor allem ein willkommener Vorwand, jedes einzelne Regal dieses Baby-Einkaufsparadieses zu inspizieren.

In der Abteilung «Windeln und Wickeln» machten wir den ersten Halt. Mein Blick fiel sofort auf die beiden dämlichsten Accessoires, die ich je gesehen hatte: ein Feuchttuch-Vorwärmer und ein Peniskäppchen. Ersteres, um beim Windelwechseln Babys Popöchen nicht zu erschrecken, Letzteres, um dabei Mamas Bluse zu schützen. Gleich daneben gab es ein Regal voller antibakterieller Seifen, Handdesinfektionsmittel und Desinfektionstücher für unterwegs. «Das liegt am gestörten Körperbewusstsein, gepaart mit dem Reinlichkeitswahn von euch Amerikanern», meinte ich zu Robert und erinnerte ihn an meine vergebliche Suche nach PEKiP-Gruppen im Vorfeld des Umzugs. In Deutschland sind die eine Selbstverständlichkeit. Wenn ich meine Freundinnen richtig verstanden habe, handelte es sich dabei um Spielgruppen, in denen die Babys unter dem Vorwand, ihr Körpergefühl und den Mutter-Kind-Bindungsprozess zu fördern, nackt umherkrabbeln durften, während die Mütter sich gegenseitig von ihren schlimmsten schlaflosen Nächten berichteten und zum Kaffee verabreden konnten.

In Amerika war dieses Konzept völlig unbekannt. Meiner Überzeugung nach deshalb, weil Amerikanerinnen nackt umherkrabbelnde Babys wohl genauso verstörend fänden wie deutsche FKK-Strände. Robert meinte, er distanziere sich von amerikanischen Feuchttuchvorwärmern ebenso wie von deutschen FKK-Stränden und schlage vor, wir würden jetzt nach den Wickelunterlagen für unterwegs suchen, die ich auf unsere Liste geschrieben hatte. «O.k.», antwortete ich, «aber ich will nur welche, die sich bei Popokontakt auf angenehme 22 Grad erwärmen und nach Gebrauch von selbst auflösen.»

Wir fanden jedoch lediglich dünne Papierfetzen, die reißen würden, sobald Finn sich darauf auch nur einen Millimeter bewegte, und auf denen zudem gerade einmal eine Hinterbacke und sein halber Oberkörper Platz haben würden. Die Vorstellung, der Rest von Finn würde auf einem öffentlichen Wickeltisch liegen müssen, ekelte mich dann doch, aber Robert wies grinsend auf ein Desinfektionsspray, das wir ja dazukaufen könnten. Ich warf ihm einen bösen Blick zu und ergänzte meine Liste für Survival-Pakete aus Deutschland um die soliden, dicken, großen und trotzdem sehr transportablen deutschen Wegwerf-Wickelunterlagen. Schließlich wollte ich zurück zu den Kinderwagen, um das zweite Exemplar probezufahren, aber Finn war inzwischen eingeschlafen, was ich als gutes Zeichen deutete. So beschloss ich zu Roberts großer Erleichterung, einfach bei diesem Modell zu bleiben.

Meine Einkaufstour führte uns als Nächstes in die «Badespaß»-Abteilung. Zu meiner großen Schadenfreude und Roberts tiefer Zerknirschung entdeckte ich zwei weitere sehr amerikanische Baby-Accessoires: den Spritzschutz für die Badewanne, eine Wand aus durchsichtigem Plastik, die man am Wannenrand anbringt, damit das Kind beim Baden nicht den Boden vollspritzt, und den «Toilet Paper Saver», eine Vorrichtung, die man an der Klorolle befestigt, um Kleinkinder von einem ihrer Lieblingsspiele (wie ich inzwischen persönlich bestätigen kann) abzuhalten, nämlich das Toilettenpapier zur Endlosschlange abzurollen. Allerdings schien mir die Sperre auch die bequeme Entnahme von Papier für den eigenen Gebrauch zu verhindern. Aber wahrscheinlich verwenden Amerikaner ersatzweise einfach Desinfektionsspray.

Anschließend ging es in die Abteilung für Stillbedarf, denn ich brauchte Stilleinlagen. Das sind kleine runde Baumwolleinlagen, die man sich in den BH schiebt, damit es keine Flecken auf der Bluse gibt, sollte der Busen einmal unerwartet mit der Milchausschüttung beginnen, ohne dass das eigene Kind Bedarf angemeldet hat. Die Brüste stillender Mütter tun das gerne, bei manchen Frauen angeblich sogar, sobald sie ein fremdes Baby weinen hören. Ich persönlich habe dann eher das Bedürfnis, der fremden Mutter einen Tee zuzubereiten, als ihr Kind zu stillen.

Die richtige Stilleinlage zu finden ist – auch in Deutschland – eine fast so heikle Angelegenheit wie die Auswahl eines BHs. Es gibt welche mit Klebefläche und ohne (damit sie im BH nicht verrutschen), mit Mikrofaser und ohne, zum Wegwerfen und aus Seide. In Amerika fällt die Entscheidung leichter: Sie sind alle zum Wegwerfen. Und zwar vor Gebrauch. Entweder sie sind so groß und dick, dass man eine Körbchengröße extra dafür einplanen muss, oder sie sind dünn, aber so unflexibel, dass man wie mit zwei Schilden vor der Brust herumläuft und aussieht wie eine Figur aus *Krieg der Sterne*. Auch Stilleinlagen landeten folglich auf meiner Deutschlandliste.

Später würde ich Babies "R" Us noch schätzen lernen, bei diesem ersten Besuch allerdings war ich schwer enttäuscht. Aber wenigstens hatten wir jetzt einen Kinderwagen.

Was noch fehlte, war mein Führerschein für unseren Familienwagen. Inzwischen weiß ich: Kaum etwas in Amerika ist leichter gesagt als getan, als einen Führerschein zu bekommen. Denn ein Führerschein ist in den USA ungefähr das, was bei uns der Personalausweis darstellt (den es in Amerika nicht gibt): der Beweis einer Identität und vor allem der gegenwärtigen Adresse. Weswegen die ausstellende Motor Vehicle Commission (MVC) die gefürchtetste Behörde Amerikas ist, auch bei Nichtautofahrern. Diese bekommen ihren Ausweis nämlich ebenfalls dort, nur berechtigt er dann nicht zum Fahren.

Seine Würde gibt man beim Betreten der MVC am Eingang ab. Drinnen ist man nichts als ein Wurm, völlig abhängig von den Gesetzen des Staates und den Launen seiner Angestellten. Nach meinen Erfahrungen würde es mich nicht wundern, wenn Guantánamo nach dem Vorbild insbesondere der MVC von New Jersey errichtet wurde. Die MVC New Jersey ist das Guantánamo des kleinen Mannes. Und der noch kleineren Europäerin. Die Greencard ist nichts im Vergleich zum Erhalt eines Führerscheins. Wobei man gerechterweise sagen muss, dass das Amt keine großen Unterschiede zwischen Ausländern und Amerikanern zu machen scheint – als ich empört von meiner Odyssee berichtete, winkten unsere amerikanischen Freunde und Bekannten alle ab und gaben ihre eigenen Erlebnisse zum Besten.

Bevor man sich überhaupt zur MVC wagt, muss man den sogenannten Sechs-Punkte-Plan erfüllen, um seine Daseinsberechtigung zu beweisen. Identitätsnachweise sind in zwei Klassen mit jeweils unterschiedlichen Wertigkeiten aufgeteilt. Man muss aus jeder Klasse ein Dokument nachweisen. Ein Erste-Klasse-Dokument für Nicht-US-Bürger ist etwa ein Reisepass mit gültigem Visum. Der zählt vier Punkte. Eine andere Möglichkeit wäre eine Greencard, die aber nur zwei Punkte wert ist. Ein Zweite-Klasse-Dokument ist zum Beispiel eine Heiratsurkunde (drei Wertigkeitspunkte!), eine Bankkarte oder das Kärtchen mit der Sozialversicherungsnummer (zählt allerdings jeweils nur einen Punkt). Mit Pass und Heiratsurkunde hätte man also schon sieben Punkte beisammen. Dann benötigt man nur noch einen Adressnachweis in Form mehr oder weniger offizieller Post. Das kann ein Kontoauszug sein oder die Heizkostenabrechnung. Aber kein Brief von Oma.

Ist ja alles kein Problem, dachte ich in meiner grenzenlosen Naivität, schnappte meinen Pass, meine Greencard, die Heiratsurkunde, meinen EU-Führerschein, einen Kontoauszug und meinen Sohn und machte mich auf den Weg zur MVC.

«Hmmm», sagte der freundliche Herr am Eingang, der für die erste Durchsicht der Papiere zuständig war. Wo denn der Umschlag des Kontoauszugs sei? «Äh, im Müll», sagte ich. Das sei schließlich nur ein Fensterumschlag gewesen, ohne meine Adresse darauf. Nein, den Umschlag bräuchten sie auch, erwiderte der Mann, es sei nämlich schon vorgekommen, dass Antragsteller ihren Kontoauszug einfach bei der Bank abholten und dort eine x-beliebige Adresse angaben, mit dem Argument, sie seien soeben umgezogen. Aber ein leerer Umschlag mit dem Absenderaufdruck der Bank beweise doch auch nicht viel, erwiderte ich, «den könnte ich mir doch auch einfach von einem Bekannten geliehen haben».

«Wir brauchen den Umschlag», beharrte der Mann.

Hatte er mir nicht zugehört? Er starrte mich mit demselben

Blick an, den Finn für mich bereithält, wenn ich ihm Gemüse statt Keksen anbiete, und ich erkannte, dass amerikanische Amtsangestellte für logische Argumente, die in den Dienstvorschriften nicht aufgeführt sind, genauso viel Interesse aufbringen wie deutsche. Nein, es bringe gar nichts, mich zum Schalter durchzulassen, erwiderte der Mann auf meine Frage, dort würde ich dasselbe hören. Also kehrten Finn und ich und alle meine wertvollen Identitätsnachweise unverrichteter Dinge nach Hause zurück.

Einen Monat lang musste ich auf Post, nämlich auf den nächsten Kontoauszug, warten, denn praktisch alle Abrechnungen waren an Robert als den offiziellen Mieter unserer Wohnung gerichtet. Nur auf sein Girokonto hatten wir auch mich eintragen lassen, weshalb jetzt zum Glück alle Post von der Bank an uns beide adressiert war.

Am Tag, als der Brief im Briefkasten lag, machte ich mich sofort wieder mit meinen Unterlagen auf zur MVC. Triumphierend öffnete ich den Umschlag vor den Augen der Empfangsbeamten und wurde diesmal tatsächlich durchgelassen. Eine dicke Dame mittleren Alters und mit üppig um ihren Kopf drapierten Haaren kümmerte sich um mich und nahm nach einem knappen «Hello» meine Papiere in Empfang. Wortlos blätterte sie sie durch, dann gab sie mir den Stapel wieder zurück. «Das ist nicht Ihre Bankkarte.»

«Was?»

In der Schrecksekunde, die ich brauchte, um das Kärtchen anzusehen, pumpte das Adrenalin eine Flut von Gedanken in mein Hirn: Ich hatte offensichtlich Roberts Kreditkarte eingesteckt. Finn hatte unsere Karten vertauscht. Wir mussten ihn besser erziehen. Robert hatte sie neulich durcheinandergebracht, als sie beide auf unserem Schreibtisch lagen. Ich musste Robert besser erziehen. Oder mir war beim letzten Mal am

Bankschalter die falsche Karte zurückgegeben worden. Saßen dort etwa Trickbetrüger? Oder war ich Opfer der «Versteckten Kamera»? Gab es die «Versteckte Kamera» überhaupt noch? Was wohl Kurt Felix und Paola heute machten? Waren die überhaupt noch verheiratet?

Die Lady riss mich aus meinen Gedanken: «Nächster!»

«Moment, Moment», rief ich panisch, «das ist sehr wohl meine Karte!» Schließlich stand da «Iris Alanyali» drauf, wie ich inzwischen überprüft hatte. Ziemlich deutlich eigentlich.

«Da steht Iris Ala…, Iris Alandschäyli drauf», antwortete die Frau.

«Das bin ich.»

«Ach. Und wer, bitte schön, *Ma'am*, ist dann Mju-dschässr Alandschäyli?» *Ma'am* ist auf der MVC übrigens keine Kurzform für ein höfliches *Madam*, sondern die Kurzform für ein sarkastisches «du arrogante Besserwisserin kannst mir gar nichts!».

Ein schwerer Stein plumpste in meine Magengrube. Da war er wieder. Der Fluch meines zweiten Vornamens. Seinetwegen hatte mich vor vielen Jahren bereits ein deutscher Rathausangestellter beleidigt, und ich habe über diese Krux schon mehrfach an anderer Stelle geklagt, deshalb hier nur die Kurzform: Mein zweiter Name lautet Müyesser, nach meiner türkischen Großmutter väterlicherseits. Ich bin zwar in Deutschland geboren, hatte aber bis zu meinem 18. Lebensjahr einen türkischen Pass. In der Türkei nun ist der zweite Name der Rufname, weshalb in diesem Pass «Müyesser Iris Alanyali» steht. Zwar konnte ich beim Wechsel zur deutschen Staatsangehörigkeit «Iris» als Rufnamen kennzeichnen lassen, aber davon zeugt nur eine Extrazeile am Fuß meines Personalausweises (und im Reisepass), in der «Iris Alanyali» steht. Den amerikanischen Behörden allerdings war diese Zeile völlig egal, weshalb mein Visum und meine Greencard auf «Mueyesser I. Alanyali» ausgestellt sind. Auf der Heiratsurkunde wiederum stand «Iris Mueyesser Alanyali», denn da hatte ich die Papiere selbst ausfüllen dürfen, ebenso auf der Bank, beide Institutionen beharrten offensichtlich nicht auf völliger Übereinstimmung des Namenszuges.

«Das ist eigentlich mein zweiter Vorname», versuchte ich der strengen Lady, deren lange Ohrgehänge unter dem ondulierten Haar wie Schwerter bedrohlich hin und her schwangen, höflich zu erklären. «Sehen Sie, hier in meinem Pass steht unten mein richtiger Name: Iris Alanyali.»

«So läuft das bei uns nicht», fauchte die Schwerterlady. «Du brauchst» – auf Deutsch hätte sie mich garantiert geduzt – «Dokumente, die den Sechs-Punkte-Identitätsnachweis erfüllen, und einen Adressnachweis. Und zwar auf denselben Namen. Da könnte ja jeder kommen. Der Nächste!» Sie trat einen Schritt zur Seite und riss einem schüchternen Mexikaner hinter mir die Papiere aus der Hand.

Ich schob Finn an der Schlange vorbei nach draußen und erklärte ihm, während ich ihn auf dem Parkplatz fütterte, dass dieses Amt nicht mehr alle Tassen im Schrank habe und die Frau, die er eben gesehen hätte, ganz, ganz böse sei und von ihrer Mama bestimmt niemals so leckeren Karottenbrei bekommen hatte wie er, weshalb sie sich heute ausschließlich von Junkfood ernähre und ihre Hirnzellen verkümmert seien.

«Mjamjam!», war sein einziger Kommentar.

Als ich Robert abends von dieser Ungeheuerlichkeit erzählte, zuckte er nur mit den Schultern: «Ich hab dir doch gleich gesagt, du solltest alle US-Papiere als ‹Mueyesser Iris Alanyali› ausfüllen!»

«So heiße ich aber nicht. Und warum soll ich mit einem Namen herumlaufen, der mir nicht gefällt, nur weil dein Volk zu blöd ist, meine Papiere richtig zu lesen?»

«Die Beleidigte zu spielen hilft jetzt jedenfalls auch nicht weiter.» Robert schlug vor, mein eigenes Bankkonto, das ich ohnehin vorhatte zu eröffnen, als Mueyesser Iris Alanyali zu eröffnen.

«Na, großartig.»

Aber es war tatsächlich die einzige Möglichkeit. Also fuhr ich am nächsten Tag mit Finn, Pass und Greencard zu der internationalen Bank, deren Kundin ich in Deutschland war, um mir auch ein amerikanisches Konto einrichten zu lassen.

In der Bank begrüßte mich John, ein freundlicher Herr mittleren Alters mit grau durchsetzter Halbglatze, Kassengestell und etwas zu enger Krawatte. John war erfreut, mir behilflich sein zu können, bewunderte ordnungsgemäß Finn, bot mir einen Platz an, erzählte von seinem eigenen Sohn, der schon viel älter sei – «Genießen Sie die Jahre der Unschuld!» –, und machte sich daran, am Bildschirm das nötige Formular auszufüllen. Name, Adresse, Sozialversicherungsnummer – alles kein Problem. «Jetzt brauchen wir noch einen Adressnachweis», sagte John endlich. «Könnte ich Ihren Führerschein sehen?»

«Äh ...», antwortete ich. «Den habe ich noch nicht.»

«Kein Problem!», sagte John. «Dann vielleicht die Heizkostenabrechnung?»

«Äh ...», antwortete ich wieder. Dann beschloss ich, mit offenen Karten zu spielen, und erklärte ihm mein Problem: Ohne Kontoauszug kein Führerschein und ohne Führerschein offenbar kein Kontoauszug.

«Das ist ja ein Teufelskreis!», rief John mitfühlend, und ich lernte den englischen Ausdruck für Teufelskreis: *vicious circle* – bösartiger Kreis.

«Ach, das ist ja interessant», platzte ich heraus, «auf Deutsch heißt das *devil's circle!*»

John nickte nur: «Ein durchaus passender Ausdruck, wenn es um die MVC geht.» Dann erzählte er von einem Schulfreund seines Sohnes, bei dem sich die Ausstellung des Führerscheins um ein paar Wochen verzögert hatte – wegen eines Kaffeeflecks. Dem Freund war dieser Fleck auf eine der Unterlagen geraten, die er mitzubringen hatte. Die zuständige Beamtin – ich dachte sofort an meine Schwerterlady – teilte ihm daraufhin mit, das Dokument entspreche nicht den Anforderungen, da sie einige Passagen nicht zweifelsfrei lesen könne. Er solle mit einem anderen Papier wiederkommen. Als der Junge ungläubig protestierte, zuckte sie nur mit den Schultern und meinte, die Frist sei nur zu seinem Besten, jemand, der so verantwortungslos mit wichtigen Papieren umgehe, gehöre vielleicht noch nicht hinter das Steuer eines Wagens.

«Aber», schloss John seine Geschichte, «was machen wir jetzt in Ihrem Fall?» John überlegte, und ich blätterte ratlos in der Mappe, in der ich die Dokumente für die MVC zusammengestellt hatte. Mir fiel der Brief von Roberts Bank mit unser beider Namen in die Hände. «Vielleicht zählt das?»

«Ja wunderbar!», rief John aus, kreuzte auf seinem Bildschirm glücklich das Kästchen für «Adressnachweis Sonstiges/ siehe Kopie» an, machte eine Kopie von dem Kontoauszug, und fünf Minuten später hielt ich meine erste eigene amerikanische Bankkarte in den Händen.

Dabei handelt es sich übrigens nicht um eine Kreditkarte. Kreditkarten bekommt man nur, wenn man eine *credit history* hat, das heißt bei einem der drei Schufa-ähnlichen Institute als solider Kreditnehmer gemeldet ist. Und ein solcher wird man, indem man zum Beispiel einen Bankkredit schön regelmäßig abbezahlt oder seine Kreditkartenrechnungen ordentlich begleicht. Sowohl einen Bankkredit als auch eine Kreditkarte bekommt man aber nur, wenn man ein regelmäßiges Einkommen und/oder eine positive *credit history* hat. Ein echter *vicious circle*, würde John sagen.

Zum Glück sind die Banken so versessen auf neue Kunden, dass sie sich lukrative Schleichwege ausgedacht haben, um zur *credit history* zu verhelfen. Man gibt der Bank zum Beispiel Geld und leiht sich diese Summe dann wieder von ihr. Auf dem Papier sieht das aus wie ein ganz normaler Kredit – und schwups, nach einem Jahr verfügt der Kunde, der sein eigenes Geld brav – und mit Zinsen – der Bank zurückgezahlt hat, über eine gute *credit history*. Oder aber man bekommt zum selben Zweck das «unschlagbare Angebot» einer Kreditkarte, die «nur 45 Dollar im Jahr» kostet. So ein Angebot ist tatsächlich unvergleichlich – amerikanische Banken schmeißen ihren Kunden Kreditkarten nämlich eigentlich hinterher. Jahresgebühren sind völlig unüblich, vielmehr bekommt man Bonuspunkte, Freiflugmeilen, Einkaufsgutscheine oder einfach Bargeld zurück, wenn man eine bestimmte Punktzahl erreicht hat, die sich aus den mit der Karte ausgegebenen Dollars ergibt.

Wichtiger als eine eigene Kreditkarte war mir aber erst einmal der Führerschein. Und so verabredete ich mit John, dass ich am selben Tag noch ein wenig Geld einzahlen und abheben und im Supermarkt mit meiner Karte bezahlen würde, und er würde umgehend veranlassen, dass mein erster Kontoauszug in wenigen Tagen in meinem Briefkasten läge. Als eingeschworenes Team gaben wir uns die Hände, und Finn bekam zum Abschied einen Schlüsselanhänger, auf dem er als künftiger treuer Kunde ausgiebig herumkaute.

Die Woche bis zum Eintreffen des Kontoauszugs verbrachte ich mit dem Wiederholen meines Lernstoffes. Denn als Nicht-US-Bürger würde ich den theoretischen Teil der Führerscheinprüfung ablegen müssen. Also saß ich seit einiger Zeit, wenn Finn seine zwei Tagesschläfchen hielt, brav am Schreibtisch und lernte, dass man in New Jersey die Scheinwerfer einzuschalten hat, wann immer man die Scheibenwischer einsetzt, und dass man in etwa acht Meter Abstand zu einem blinkenden Schulbus anhalten muss, dem gerade Kinder entsteigen, und zwar sowohl hinter dem Bus als auch, wenn man ihm auf der anderen Fahrbahn entgegenkommt. Eine große Überraschung war es für mich beim Lernen der Regeln, dass man auch in New Jersey anhalten muss, wenn die Ampel auf Rot gesprungen ist, und dass Fußgänger Vorrecht genießen. Meiner Erfahrung nach folgen mir im Durchschnitt drei Autos, wenn ich mal bei Gelb über eine rote Ampel fahre, und Passanten pflegen mich ungläubig und unbeweglich anzustarren, wenn ich an einem Zebrastreifen halte, um sie über die Straße gehen zu lassen. Außerdem bin ich mit meinen fünf Meilen pro Stunde, mit denen ich Geschwindigkeitsbegrenzungen zu überschreiten wage, grundsätzlich die langsamste Schnecke auf allen Straßen. Kein Wunder, dass hier kein Mensch Rad fährt. Es sei denn, zur körperlichen Ertüchtigung. An Wochenenden mit schönem Wetter sieht man Radler in atmungsaktiver, UVA-Strahlen-blockierender und wahrscheinlich atomstrahlensicherer Hightech-Kleidung und mit tornadogeprüftem Helm auf ihren Mountainbikes, wie sie todesmutig gegen New Jerseys Autofahrer anstrampeln. Ich finde Helme albern, aber wenn sie irgendwo auf der Welt ihre Berechtigung haben, dann auf den Straßen von New Jersey.

Kaum lag mein Kontoauszug im Briefkasten, machte ich mich zum dritten Mal auf den Weg zur MVC. Und tatsächlich passierte ich den Identitätstest und durfte auf der Rangliste der Bittsteller eine weitere Stufe erklimmen. Ein schlechtgelaunter junger Mann, der aussah wie ein Student beim ungeliebten Nebenjob, bei dem ich mich für die Theorieprüfung zu melden hatte, betrachtete voller Verachtung meinen alten rosafarbenen EU-Führerschein, auf dem in neun Sprachen «Führerschein» stand.

«Damit kann ich nichts anfangen», motzte er beleidigt.

«Warum?», wagte ich zu fragen.

«Das muss übersetzt werden.»

«Aber da steht doch *Driving licence*!»

«Aber innen steht noch ganz viel anderes Zeug, woher soll ich bitte schön wissen, welche Auflagen Sie zu beachten haben?»

«Mit diesem Führerschein kann ich in ganz Europa Auto fahren – aber nicht in den USA?»

«Ich brauche eine beglaubigte Übersetzung.»

«Und woher bekomme ich die?»

«Hier ist eine Liste mit Übersetzern. Da müssten auch Deutsche drin sein. Namen abschreiben und zurückbringen. Der Nächste!»

Die Liste enthielt genau zwei Namen für Übersetzungen aus dem Deutschen. Unter der ersten Nummer nahm niemand ab, bei der zweiten erhielt ich auf meine Nachricht nach zwei Tagen einen Rückruf der Übersetzerin: Sie fahre heute leider in den Urlaub, aber ich solle mich doch ans Konsulat wenden, die machten so was auch. Das Konsulat? Das offizielle deutsche Generalkonsulat in New York City übersetzte Führerscheine??? Tatsächlich: Ich solle einfach vorbeikommen, hieß es auf meine Nachfrage, und könne die beglaubigte Übersetzung gegen eine Gebühr gleich mitnehmen.

Das tat ich, hatte einen kurzen Anfall von Heimweh, während ich auf dem Konsulat zwischen all meinen deutschen und sogar zwei türkischen Landsleuten saß, und unternahm ein paar Tage später den nun hoffentlich letzten Ausflug zur MVC.

«Und was ist mit dem Kind?», fragte mein alter, für den theoretischen Test zuständiger Bekannter, nachdem er alle meine Papiere für ausreichend befunden hatte. Hinter ihm waren in zwei Reihen etwa zwölf Tische aufgestellt, auf denen Computerbildschirme standen. Vor einigen saßen Führerscheinaspiranten und schwitzten. Man musste 50 Multiple-Choice-Fragen beantworten, 40 davon richtig, um den Test zu bestehen.

«Keine Sorge», beruhigte ich meinen Freund, «mein Sohn bleibt im Kinderwagen.»

«Geht nicht.»

«Wieso denn nicht? Soufflieren wird er mir bestimmt nicht.»

«Geht nicht. Hier sind nur Prüflinge zugelassen.»

«Ach. Und was machen dann Mütter? Lassen die ihr Kind auf dem Parkplatz?»

«*Ma'am*, da kann ich Ihnen auch nicht helfen, an den Bildschirm können Sie das Kind jedenfalls nicht mitnehmen.»

Ich fürchtete zu platzen. Ich wollte eine Szene machen, brüllen, schreien, dem ignoranten Besserwisser Finn auf den Schoß drücken und mich an einen Computer ketten – aber dazu fehlte mir der Mut. Ich war hier nicht nur Ausländerin, ich war die Bittstellerin, die Gefangene dieses kafkaesken Amtes, von dem die Welt da draußen, die sich über den Irakkrieg, Todesstrafe und andere Kleinigkeiten echauffierte, keine Ahnung hatte.

Zumindest Türen schlagend diesen Raum verlassen wollte ich und marschierte wütend zum Ausgang – da es sich dabei aber um eine Schwingtür handelte und ich auch den Kinderwagen durchzumanövrieren hatte, ließ mein Abgang an Dramatik ziemlich zu wünschen übrig. Draußen im Hauptraum bei den vielen Schaltern sah ich mich verstohlen nach Familien um, in deren Obhut ich meinen Sohn 20 Minuten lang hätte lassen können. Aber erstens standen und saßen da fast nur Einzelpersonen meist jüngeren Alters, und zweitens war das, in ruhigerem Zustand betrachtet, vielleicht doch keine so gute Idee.

Also kam ich an einem anderen Tag wieder, ohne Finn. Ich bestand den Test, hatte, als ich schließlich am letzten Schalter meinen Ausweis ausgehändigt bekam, die erste nette Plauderei auf der MVC – und zwar ausgerechnet über meinen so komplizierten Namen – und war endlich ordentliche Bürgerin des Staates New Jersey.

Die Folge, in der ich mein altes Leben zurückhaben will

Warum ich Finn überhaupt ständig zur MVC mitgeschleppt habe? Diese Frage können nur Nichtmütter stellen. Wenn man Hausfrau und Mutter ist, nutzt man jede Chance, aus dem Haus zu kommen und den Tag damit zu verbringen, Dinge zu erledigen, die sich relativ einfach auch mit Kind machen lassen. Denn die Zeit, die der Nachwuchs schläft oder vom Partner betreut wird, ist heilig und sollte nur mit würdigen Beschäftigungen wie Kaffeetrinken, Lesen, Fernsehen oder Bummeln verbracht werden. Natürlich geht das nicht immer, aber für eine hauptberufliche Mutter sind sogar die Gelegenheiten, in denen sie mal ohne Anhang in den Supermarkt gehen oder meinetwegen auch das Bad putzen kann, kleine Oasen der Ruhe.

Und derartige Oasen hatte ich nur wenige. Oder sagen wir lieber: viel weniger, als ich zum Glücklichsein brauchte. Um ein ausgeglichener Mensch zu sein, muss ich nämlich viel Zeit allein verbringen dürfen. Sicher, die «Glücksregeln», die für andere gelten, treffen auch auf mich zu – Bezugspersonen, eine erfüllende Beschäftigung, körperliche Betätigung, Schokolade –, aber ich kann inzwischen mit einiger Gewissheit sagen: Ich brauche überdurchschnittlich viel Zeit allein, um ein zufriedener Mensch zu sein. Ehrlich gesagt: Ich glaube, schon allein deshalb funktionierte die Fernbeziehung mit Robert so gut. Nicht ohne Grund hatte ich zum ersten und für lange Zeit einzigen Mal Zweifel an unserer Beziehung, als er für die neun Monate, in denen er seine Doktorarbeit schrieb, zu mir nach Berlin gezogen war. Plötzlich war da noch jemand in meiner Wohnung. Jemand, der die Butter an eine andere Stelle im Kühlschrank stellte als ich und der seine Kleidung vor dem Schlafengehen als apartes Häufchen neben dem Bett übernachten ließ – diese typisch männliche Eigenschaft ist meiner Ansicht nach übrigens ein Überbleibsel aus der Steinzeit, als der Mann fürs Lagerfeuer neben der Schlafstatt zuständig war.

Schon an diese doch eigentlich sehr begrüßenswerte Zweisamkeit also musste ich mich erst gewöhnen. Und nur wer sich schon einmal ähnlich schlecht gefühlt hat, nur weil da plötzlich abends in der Wohnung jemand einen sehnsüchtig mit Abendessen und in Plauderlaune erwartet, obwohl man selbst mit einem Teller Spaghetti und einer Folge *Friends* wunschlos glücklich wäre, kann sich vorstellen, wie schwer mir mein neues Leben als Ehefrau und Mutter fiel.

Und so hatte ich ungefähr drei Monate nach meinem Umzug meine erste große unvermeidliche Krise. Sie setzte am helllichten Tag ein – nein, eigentlich in der blauen Stunde, die sorg- und kinderlose Zeitgenossen auch gerne Happy Hour nennen. Während diese Zeitgenossen allerdings erwartungsfroh auf Barhockern sitzen und plaudernd an ihren Cocktails nippen, sitzen gleichzeitig Tausende Mütter breiverschmiert und am Ende ihrer Kräfte neben dem Hochstuhl ihrer Kleinkinder und warten verzweifelt auf die Heimkehr des Partners.

Finn hatte grüne Erbsenpampe in den Haaren, im Gesicht und an den Ärmeln, und auch der Kindersitz unter und das Bücherregal hinter ihm warteten grün gesprenkelt auf die Reinigung. Bis dahin war an diesem Abendessen noch nichts ungewöhnlich. Aber an diesem Tag hatte Finn ein neues Entwicklungsstadium erreicht, und aus irgendwelchen hinterhältigen Gründen hat die Natur es so eingerichtet, dass Babys ihre neuen Fähigkeiten grundsätzlich erst einmal in unbeobachteten Momenten ausprobieren, sodass Eltern davon als Letzte erfahren. Finn konnte sich jetzt weit genug aus seinem Stuhl herauslehnen, um endlich nach all dem zu greifen, was ihn bisher aus unerreichbarer Ferne so gelockt hatte.

Als ich mit einem Lappen aus der Küche zurückkam, beobachtete er gerade interessiert, wie meine Teetasse langsam dem Abgrund entgegenrollte. Es war einer dieser Momente, in dem das Leben in Zeitlupe abzulaufen scheint, weil das Hirn sich weigert, das ganze Ausmaß der Katastrophe in gebotener Eile wahrzunehmen. Die Pfütze Tee hatte sich bereits eine Zeitung, ein paar Rechnungen und einen Stapel Hausarbeiten meines Mannes einverleibt und näherte sich meinem Laptop. Als ich ihn in Sicherheit bringen wollte, bemerkte ich in meinem Postfach eine Werbemail über «Schnäppchenpreise für Flugreisen nach Europa». Gleichzeitig schienen auf der anderen Seite des Tisches riesige rotbraune Tropfen so langsam auf den Teppich zuzuschweben, als wären sie der Star in einem Dokumentarfilm mit «faszinierenden Großaufnahmen über den Mikrokosmos der Natur». Finn saß bereits in einer Teelache, und als ich ihn aus dem Stuhl heben wollte, konnte ich riechen, dass er noch in etwas ganz anderem saß. Da ließ ich ihn einfach wieder zurückplumpsen, setzte mich an meinen Computer und sah mir die Flugangebote an.

An dieser Stelle sollte ich vielleicht erwähnen, dass Finn zwar ein Wunschkind war und ich eine ganz wunderbare, beschwerdefreie Schwangerschaft hatte, während deren die Glückshormonausschüttung proportional zum Bauchumfang wuchs. Aber in den ersten Monaten *nach* der Geburt war ich keineswegs der Typ «strahlende junge Mutter». Heute würde ich sagen, ich litt an einer leichten Form der postnatalen Depression – oder vielmehr: an einer schweren Form postnataler Verzweiflung. Ich liebte mein Baby durchaus, aber für das höchste Glück auf Erden hielt ich es keineswegs, und mein Leben fühlte sich auch nicht so an, als hätte es «jetzt erst einen Sinn» bekommen.

Ich hatte mich in meinem Leben auch vor dem Kind ganz wohl gefühlt. Vor allem aber hatte ich es damals noch völlig unter Kontrolle gehabt. *Ich* entschied, wann ich was machen wollte, für wie lange und warum. Und für die Perfektionistin und den Kontrollfreak in mir war es einfach unerträglich, dass sich dieses schreiende kleine Etwas einfach nicht an simple Terminpläne (Essen-Schlafen-Windelwechseln, und zwar alle vier Stunden) halten wollte. Denn wie verhandelt man mit einem rotgesichtigen Sturkopf, der sich weigert, auf eine simple Frage («Was um Himmels willen ist denn los?») mit einer einfachen Antwort zu reagieren («Hunger»/ «Windel zwickt»/ «Du ahnungslose Glucke hast mich viel zu warm eingepackt»). Ja, ich glaube, das war das Schwierigste am Muttersein für mich: die Unfähigkeit, mit meinem Kind zu kommunizieren. Es ist nämlich keinesfalls so, dass man als Mutter die Schreie seines Babys intuitiv versteht. Bei mir jedenfalls haben die dafür vielleicht zuständigen Hormone versagt. Ich brauchte nach wie vor alle 26 Buchstaben des Alphabets, um mich verständigen zu können, und nicht nur «uäähhh».

Außerdem war ich es als Geisteswissenschaftlerin gewöhnt, auf meine Fragen grundsätzlich eine Antwort in Büchern nachschlagen zu können. Oder im Internet. Oder in Gebrauchsanweisungen. Ich bin jemand, der den Beipackzettel auswendig lernt, bevor er eine Aspirin-Tablette schluckt. Und nun ist es ja nicht so, dass es keine Literatur zu Themen gibt wie «Babys erstes Jahr», «Windeln wechseln, aber richtig» oder «Hat mein Kind einen Pickel oder diesen höchst seltenen, eigentlich nur im Südwesten des zentralafrikanischen Dorfes Mgotubwambe vorkommenden tödlichen Hautauschlag?». Aber mir schien es, als ob jedes dieser Bücher im Hinblick auf ein einzelnes, bestimmtes Kind geschrieben worden war (wahrscheinlich das der Autorin oder des Autors), sie widersprachen sich nämlich ständig. Allen gemeinsam waren nur diese unverschämten Stillbilder einer ausgeruht wirkenden, dezent geschminkten Mutter in bequemer, aber schicker Hauskleidung, die vor pastellfarbenen Wänden auf einem Sofa in warmen Erdtönen lag. Auf dem Couchtisch stand grundsätzlich eine Schale Trauben, und immer nuckelte ein völlig entspanntes Baby an ihrer Brust, ein Händchen malerisch auf Mamas halbentblößtem Busen ruhend.

Bald empfand ich jedes dieser Fotos als persönliche Beleidigung. Ich saß in ausgeleierten Jogginghosen auf einer Couch voller Milchflecken, der Still-BH hing mir halb über den Wabbelbauch, und am Busen hing ein zappelnder Wurm, der saugte, als käme er gerade von einem Marathon, während seine Hand an der anderen Brustwarze zerrte und zwirbelte. War der erste Durst gestillt, drehte und wand Finn sich regelmäßig und protestierte meckernd, als hielte ich ihn gegen seinen Willen in dieser langweiligen Position fest, während es hinter, über und unter ihm doch so viel Wichtigeres zu entdecken und zu betrachten gab. Nein, vom friedlichen, Mutter und Kind verbindenden Stillen war hier nichts zu spüren.

Schlimmer waren nur noch Schmusen oder Babymassage. Mochten dies alle Ratgeber in seltener Einigkeit als innige Wohltat für Eltern und Kind preisen – mein Junge gab mir deutlich zu verstehen, dass er von diesem Nackt-Betatschtwerden rein gar nichts hielt, und benahm sich, als wäre er 16 und seine Mutter wollte ihm vor versammelter Schulklasse einen dicken Schmatz auf die Wange drücken.

Überhaupt schien kaum eines der Bücher auf Finn zuzutreffen, mein Kind war offensichtlich völlig unberechenbar, untypisch und viel zu kompliziert. Manchmal kam ich mir vor, als versuchte ich, einen Airbus mit Hilfe lauter Betriebsanleitungen für Pferdekutschen zu fliegen. Schrie er zum Beispiel, weil er Hunger hatte? Sollte ich ihn nach 45 Minuten schon wieder anlegen? Betriebsanleitung eins sagte ja, man solle seinem Kind so oft die Brust geben, wie es wolle, Stundenpläne seien nur etwas für naturferne Technokraten. Infoblatt Nummer zwei meinte, man solle sein Kind auf keinen Fall beim ersten Schrei anlegen, das führe unweigerlich zu Essstörungen, ein Baby sei keineswegs immer nur hungrig. Ich sah Finn schon als bulimiekranken Kandidaten für irgend so eine Topmodel-Castingshow und suchte andere Schreiursachen. Eine volle Windel, das sei ein Klassiker, sagte Webseite Nummer drei. Oh, da kannte sie aber meinen Sohn schlecht. Im Gegenteil, er schien es besonders gerne warm und weich zu haben, jedenfalls hörte man keinen Ton bei einer vollen Windel. Womöglich schrie er, weil er eine saubere Windel trug? Es war zum Verzweifeln. In was für einer Welt lebte ich, wenn sie 13 Schuljahre für gerechtfertigt hielt, um mir Verbkonjugation, Bruchrechnen und das Paarungsverhalten des Frosches beizubringen, mich aber nach drei Nächten im Krankenhaus als fertige Mutter nach Hause entließ?

Kurz: Nach der Geburt erlitt ich alle zwei Wochen morgens um drei, nachdem ich Finn gestillt hatte und dann die üblichen zwei Stunden durch die Wohnung tragen musste, bevor er wieder einschlief, einen Nervenzusammenbruch und informierte meinen Mann heulend, dass ich das alles nicht schaffen würde, wir einen Riesenfehler gemacht hätten und ich eine miserable Mutter sei.

Und Robert war auch keine große Hilfe. Nicht, weil er nicht helfen wollte, sondern weil einer verzweifelten Mutter niemand helfen kann. Niemand, der ihr das Kind nicht mindestens vier, besser noch 24 Stunden lang abnimmt, sie schlafen lässt, massiert, den Fernseher ans Bett schleppt, ihre Leibspeisen für sie kocht und ihr dabei gleichzeitig noch glaubhaft versichern kann, das Baby sei wunschlos glücklich und sie eine außergewöhnlich gute Mutter, dafür gebe es unwiderlegbare Beweise, zum Beispiel der Faltenwurf im Gesicht des Neugeborenen und die Konsistenz seines Windelinhalts. So was aber kann vielleicht Mary Poppins, der eigene Ehemann eignet sich dafür nicht, schon weil er in den seltensten Fällen vor dem gemeinsamen Kind an anderen üben konnte und jetzt auch nicht gerade als die personifizierte Selbstsicherheit durchs Zimmer schwebt.

Dabei hatte ich fest auf Robert gebaut, schließlich war er als der älteste Bruder von insgesamt vier Kindern aufgewachsen, mit einer Vollzeit arbeitenden Mutter und sieben Jahren Abstand zum nächsten Geschwisterkind. Ich hatte mich darauf verlassen, dass er mir ungefähr so professionell wie die Schwestern auf der Wochenstation des Krankenhauses zur Hand gehen würde. Doch offensichtlich verhält es sich mit der Säuglingspflege nicht so wie mit dem Fahrradfahren. Erstens verlernt man es, und zweitens macht es im Gegensatz zum Fahrradfahren einen großen Unterschied, ob man seinen eigenen kostbaren Nachwuchs versorgen soll oder seine nervenden kleinen Schwestern. Jedenfalls erdreistete Robert sich, fast genauso schockiert zu sein wie ich über dieses kleine Lebewesen, für das wir ab sofort die Verantwortung zu tragen hatten. Dabei sollte es doch selbstverständlich sein, dass frischgebackene Mütter einen Alleinvertretungsanspruch auf Erschöpfung, Angst und Panik haben. Ich sage nur: dreizehn Stunden Wehen.

Als Robert etwa drei Wochen nach Finns Geburt zurück in die USA musste, wurde es noch schlimmer. Seitdem sind alleinerziehende Mütter für mich die allergrößten Heldinnen, da können Catwoman, Mutter Teresa und Dagmar Berghoff aber einpacken. Tagsüber hatte ich das Gefühl, dass ein Tag ewig dauerte und gleichzeitig jedes Mal schon wieder Abend war, obwohl ich noch nichts geschafft hatte. Alles drehte sich um Finn. So weckte ich ihn während seiner heiligen Nickerchen niemals auf, um aus dem Haus zu gehen, traute mich aber auch etwa eine Stunde vor dem nächsten Stillen nicht mehr raus, weil es ja schon allein eine halbe Stunde dauerte, ihn wintergerecht zu verpacken. Und dann würde es sich ja gar nicht mehr lohnen, obwohl ich eigentlich dringend einkaufen gehen müsste, schließlich sollte ich selbst vielleicht auch mal wieder etwas anderes essen als Müsliriegel. Auch das Kochen blieb auf der Strecke. Ich habe noch nie gern gekocht, was bedeutete, dass ich jetzt nie kochte, denn solange ich noch nicht hungrig war, gab es tausend andere Dinge, die ich lieber oder dringender erledigen wollte. Wenn ich dann Hunger hatte, war es zu spät.

Ich versuchte auch, die eiserne Regel zu befolgen, die jeder Ratgeber neuen Müttern eintrichtert, und mich tagsüber immer dann hinzulegen, wenn auch das Kind schlief. Aber da Finn mal 20 Minuten, mal zwei Stunden zu ruhen gedachte, lag ich todmüde und gleichzeitig hellwach da und hielt jeden etwas lauteren Atemzug in der Wiege und jede knarrende Diele in der Wohnung über mir für ein sicheres Zeichen, dass Finn ohnehin jeden Moment wieder aufwachen würde. Irgendwann kam ich auf die Idee, mich von Außengeräuschen mit dem iPod abzulenken – mit dem Ergebnis, dass ich manche von mir sehr geliebte Musikstücke jetzt nicht mehr hören kann, weil sie mich an die schrecklichen ersten Monate als Mutter erinnern. Man stelle sich das vor: Nicht eine unglückliche Liebe hat mir bestimmte Songs verdorben, sondern mein eigener, unschuldiger kleiner Sohn.

Selbst jetzt, Monate später, da ich mit Finn beim Erbsenbrei saß und wir als Familie zusammenlebten, fühlte sich mein Leben noch ganz ähnlich an. Nein – schlimmer. Ich kam mir vor wie eine dieser westlichen Frauen, die ihren islamischen Ehemännern in deren Heimat gefolgt sind und darüber dramatische Autobiographien schreiben: Ich war plötzlich mit Roberts finsterem Zwillingsbruder verheiratet. Okay, dieser andere Robert sperrte mich nicht ein, er schlug mich nicht, er kochte fast täglich das Abendessen und war seinem Land und seiner Familie gegenüber kritischer eingestellt als ich. Aber ehrlich, mir ging es auch ganz, ganz schlecht!

Denn ich war an einen Akademiker geraten. Und wie ich jetzt erkannte, scheinen die für die moderne Frau auch ziemlich bedrohlich zu sein. In jenem Semester hatte mein Universitätsprofessor vier Klassen zu unterrichten, das waren insgesamt etwa fünf Stunden Unterricht pro Woche. «Plus Vorbereitungszeit!», wurde Robert nicht müde zu betonen. Und Sprechstunden! Und Fakultätssitzungen! Mir kamen die Tränen. Er war vier Tage pro Woche auf dem Campus, die Freitage verbrachte er zu Hause, um mir «zu helfen».

Roberts Hilfe bestand darin, uns mit seiner Anwesenheit zu beehren. Er saß mit seinem Laptop auf dem Schoß auf dem Sofa, im Fernseher lief Baseball, und mit einem Auge kümmerte er sich um Finn. Nicht ein einziges Mal kam er auf die Idee, den Kinderwagen oder die Autoschale zu schnappen und mich mal für ein paar Stunden von dem Kind zu befreien (und das, das sei allen künftigen Vätern, Omas, Tanten gegenüber betont, mit Extra-Ausrufezeichen und am liebsten noch in Fettschrift und unterstrichen, das ist die größte Unterstützung, die man einer frischgebackenen Mutter zukommen lassen kann). Und, was mich in den Wahnsinn trieb: Niemals übernahm er eine Aufgabe ganz. Ja, er wechselte die Windel, aber die benutzte blieb einfach zusammengefaltet neben dem Wickeltisch liegen. Ja, er fütterte seinen Sohn, aber nach der Mahlzeit lagen Lätzchen und Fläschchen dort, wo die Fütterung stattgefunden hatte. Sprich, für die Aufräumarbeiten war ich zuständig, und flüchtete ich, um tatsächlich einmal einen Kaffee trinken zu gehen, war ich nach meiner Rückkehr erst einmal mit Saubermachen beschäftigt.

Zu Hause arbeiten sah ich Robert selten. Außerdem hatte er auch an den Tagen auf dem Campus noch genug Muße für einen Waldlauf oder ein kleines Racquetball-Spiel mit Kollegen und um, wie ich aufschlussreichen Bemerkungen oder regelmäßig eintreffenden Online-Bestellpaketen entnahm, ausgiebig im Internet zu surfen. Robert ist nämlich internetsüchtig, aber das ist eine andere Geschichte. Gelegentlich nervten ihn Vorgesetzte in der Administration, ansonsten hatte er es höchstens mit unreifen 19-jährigen Collegestudenten zu tun. Bei insgesamt einer Stunde Fahrtzeit verließ er das Haus um acht und war um sechs wieder zu Hause. Dann musste er sich erst mal aufs Sofa plumpsen lassen, keine drei Worte mit mir wechseln und den Sportkanal glotzen. Um sich zu erholen.

Ich fasste es nicht. Das nannte er anstrengende Arbeit? Ich war in meinem alten Leben Journalistin gewesen. Fünf, manchmal sechs Tage die Woche. Selten vor sieben Uhr zu Hause. Manchmal hatte ich abends oder am Wochenende noch Termine, und in meiner Freizeit las ich Bücher, über die ich schreiben musste. Bei der Arbeit hatte ich es neben dem ständigen Termindruck mit profilneurotischen oder gestressten Vorgesetzten und profilneurotischen oder gestressten Kollegen zu tun. Neben meinem Hauptberuf bei der Zeitung hatte ich außerdem zwei Bücher geschrieben. Als mein Baby drei Wochen alt war, besuchte ich die Frankfurter Buchmesse, einen Monat später ging ich mit ihm auf Lesereise.

Und in all dieser Zeit war mir Robert, weilte er gerade in Berlin, eine wunderbare Stütze gewesen. Mein immer gutgelaunter, entspannter, amerikanisch-optimistischer Traummann, der abends für mich kochte und freitags das Bad putzte, damit wir am Wochenende etwas unternehmen konnten. Diesen Robert wollte ich wiederhaben, nicht seinen schwächlichen Zwillingsbruder, den sein neues Leben als alleinverdienender Familienvater sichtlich überforderte.

«Akademiker!», dachte ich. Wer hatte hier Grund zu jammern? Wer hatte seinen Beruf, seine Heimat, seine Freunde und Familie verlassen? Wer war der Familie zuliebe in ein fremdes Land gezogen und hatte sich in eine *stay-at-home mom* verwandelt? Nein, ich war nicht «erfolgreiche Managerin eines kleinen, aber feinen Familienbetriebs», wie es in diesem Fernsehwerbespot so rosig heißt. Vielmehr war die Geschäftsführung gerade dabei, den Familienbetrieb zu ruinieren. Ich war angespannt, Robert war angespannt, und die Blähungen unseres Sohnes machten ihn auch nicht gerade zum Sonnenschein der Familie.

Ich fühlte mich regelrecht verraten: Es gibt tonnenweise Literatur und Tausende von Internetseiten, wo Schwangere alles über Milchstau, Inkontinenz, Baby Blues und andere postnatale Schrecken erfahren. Aber niemand hatte mich auf die postnatale schlechte Laune meines Ehemannes vorbereitet. Sicher, es gab zahllose Artikel zum Thema «Sex nach der Schwangerschaft», aber Sex kam auf meiner postnatalen Wunschliste kurz vor Tempeltanz, Völkerball und Zahnwurzelbehandlung. Die entsprechenden Kapitel wimmelten vor Plattitüden wie «Den jungen Eltern steht eine anstrengende, aber wunderbare Zeit bevor», oder nutzlosen Ratschlägen wie «Nehmen Sie sich Zeit für sich und Ihren Partner». Nirgendwo stand: «Seien Sie realistisch: Ihr Mann benötigt voraussichtlich neun Monate, um sich an seine Vaterrolle zu gewöhnen. Warum, das ist nicht erforscht. Liegt wahrscheinlich an fehlenden Hormonen, Synapsen oder Energiereserven. Am besten, Sie stellen sich darauf ein, erst einmal alleinerziehende Mutter spielen zu müssen. Dann können Sie sich über jede Unterstützung als kleine Überraschung freuen.»

Und so saß ich an jenem Tag in dieser blauen Stunde neben meinem breiverschmierten Sohn am Computer und stellte mir vor, wie ich den nächsten Flug zurück nach Deutschland buchen und mich tags darauf einfach ins Flugzeug setzen würde. Dieses Flugzeug würde meine Zeitmaschine sein, ein Flieger, der mich nicht einfach nur über den Atlantik, sondern zurück in mein altes Leben transportieren würde. Ein Leben mit dem alten Job, in der alten Wohnung, alten Freunden und ohne unbekannten Ehemann, ohne brandneues Baby.

In diesem Moment kam Robert nach Hause. Wir benutzen meistens den Hintereingang durch die Küche, der näher zum Parkplatz liegt. Er stellte, wie ich ohne hinzusehen wusste, seine Tasche direkt vor der Spülmaschine ab, die ich noch auszuräumen hatte, zog seine Schuhe aus, ließ sie einfach mitten in der Küche stehen und warf seine Jacke über seinen Stapel auf dem Stuhl, anstatt sie an den Haken zu hängen. Dann kam er um die Ecke ins Esszimmer und stellte fest: «Hier stinkt's.»

Das war's. «Mir stinkt's auch», murmelte ich noch auf Deutsch, dann kamen mir die Tränen. Und zwar richtig, als Wasserfall, mit laufender Nase, Schluckauf und allem, was dazugehört. Robert war zu Tode erschrocken. Ich bin nämlich keine Heulerin, ich bekomme zwar vor dem Fernseher und im Kino beim geringsten, lächerlichsten und peinlichsten Anlass nasse Augen, ich weine, wenn Bambi seine Mutter verliert, wenn Adam Sandler für die amnesiekranke Drew Barrymoore

50 erste Dates arrangiert, und bald wahrscheinlich auch, wenn Sandmännchen stolpert und sich den großen Zeh verstaucht. Aber nicht im richtigen Leben, nie.

Einen Anfall wie diesen kannte Robert nur von den Nächten nach Finns Geburt, und er muss wohl geahnt haben, wie ernst die Lage war. Und er hatte die Website der Lufthansa erkannt. Als ich nur «Ich will nicht darüber reden» schniefte, Finn hochhob, um ihm die Windel zu wechseln und ihn zu Bett zu bringen, nahm Robert ihn mir einfach ab. «Leg dich hin, ich mach das.»

«Aber ich muss ihn stillen!», schluchzte ich.

«Ich nehme abgepumpte Milch aus dem Gefrierschrank.»

Da ging ich ins Bad, wusch mir das Gesicht mit kaltem Wasser, legte mich aufs Bett – und fing wieder an zu weinen. Nach einer Weile spürte ich, wie Robert sich zu mir setzte und mir den Rücken streichelte. Da musste ich noch mehr weinen, weil ich mir so schlecht und ungerecht und wehleidig vorkam.

«Harter Tag?», fragte Robert. Ich schüttelte den Kopf. «Es ist nur … es ist nur … es ist nur …», stammelte ich und wusste nicht, wie ich es ihm erklären sollte. Dann: «Mir gefällt nicht, was aus uns geworden ist.»

Robert hörte auf, mich zu streicheln.

«Wir sind kein Liebespaar mehr, wir verwalten eine Familie. Und wir sind beide völlig überfordert mit unserem Job.» Trotz meiner Verzweiflung konnte ich nicht umhin, ein bisschen stolz auf mich zu sein wegen meiner pädagogisch wertvollen Geistesgegenwart, mich in meine Vorwürfe mit einzuschließen.

Wir sprachen zwei Stunden, das heißt, ich sprach, Robert hörte zu, widersprach, nickte, war beleidigt. Aber das war okay, mir half es schon, mir meinen Ärger von der Seele zu reden, um mich gleich viel besser zu fühlen. Und ich weiß nicht, wie er das immer machte, aber am Ende war mal wieder ich diejenige, die Robert tröstete, ja sich fast dafür entschuldigte, ihm Vorwürfe gemacht zu haben. Doch, ich wusste ja, dass ihm bewusst sei, was ich mit dem Umzug auf mich genommen hatte. Sicher, er musste sich auch erst daran gewöhnen, jetzt eine Familie zu Hause sitzen zu haben, wenn er von der Arbeit kam. Natürlich war ich nicht die Einzige, deren Leben sich von Grund auf geändert hatte.

Am nächsten Tag beschloss ich, statt nach Deutschland zu fliegen, erst einmal einen Ausflug nach New York zu unternehmen. Mit Finn. Natürlich hätte ich lieber einen Tag ganz für mich gehabt, aber Robert musste unterrichten, also wählte ich die zweitbeste Lösung: ein Abenteuer mit Kind. Ich wusste, ich würde mich besser fühlen, wenn ich am Abend das Gefühl hatte, etwas geleistet zu haben – und zwar nicht nur, eine Großpackung Windeln im Sonderangebot erstanden zu haben.

Mit einem noch nicht einmal ein Jahr alten Kind einen Tag allein in New York zu verbringen war in meinem Zustand eine sehr verwegene Sache. Schon wegen der New Yorker U-Bahn.

Die Zugfahrt von South Orange nach Manhattan ist nämlich das geringere Problem. Beim Ein- und Ausstieg helfen einem entweder die anderen Passagiere oder aber einer der rund einhundert Schaffner, die in diesen Zügen immer mitzufahren scheinen – mit Kind weiß man die schöne altmodische Einrichtung lebender Zugbegleiter erst so richtig zu schätzen. Wenn sie jetzt noch so freundlich wären wie die Zugbegleiter der Deutschen Bundesbahn, wäre mein Glück vollkommen. (Ja, ich gebe es zu: Ich hatte noch nie einen wirklichen Grund, um über die Deutsche Bahn zu klagen. Ich war übrigens auch immer eine äußerst zufriedene Kundin der Telekom.) Aber

solange die amerikanischen Schaffner mir beim Aus- und Zuklappen des Kinderwagens helfen und ihn mir die steilen Stufen in den Zug hochtragen, müssen wir auch nicht die besten
Freunde werden. Ich bräuchte ihre Hilfe auch gar nicht unbedingt, denn natürlich ist der Bahnhof South Orange rollstuhlgerecht. Dafür muss man nur die Rampe hoch zu dem erhöhten
Teil des Bahnsteigs ganz vorne laufen und steht, wenn der Zug
kommt, neben der Lokomotive. Dann steigen alle Passagiere
ein, die Türen schließen sich, der Zug setzt sich schnaufend in
Bewegung, fährt 20 Meter vor, hält, die Türen des ersten Wagens öffnen sich, und man rollt den Kinderwagen hinein. Als
sozusagen einziger und letzter Passagier. Da kommt man sich
vielleicht blöd vor! Also lasse ich mir lieber helfen.

Die Fahrt selbst verging dann relativ schnell. In dem Alter
saß Finn noch gerne einfach nur in seinem Kinderwagen und
starrte die anderen Passagiere in Grund und Boden. Oder er
kaute hingebungsvoll auf meinem Stadtführer herum – es
musste selbstverständlich der Stadtführer sein und nicht sein
eigenes Pappbilderbuch oder der Beißring, oder die Rassel,
oder der Stoffelefant, der an seiner Kinderwagenkette hing.
Aber dann kam die Subway. Die New Yorker U-Bahn befördert
täglich rund 6,5 Millionen Passagiere, und mit dem Kinderwagen fühlte ich mich als der sechs Millionen fünfhundert-
tausendunderste Passagier.

Ich kam mit dem Zug in der Penn Station an, dem zen-
tralen Bahnhof Manhattans. Um zu meiner U-Bahn-Linie zu
gelangen, musste ich zwei Aufzüge und eine Rolltreppe nehmen – auf der Kinderwagen natürlich streng verboten sind.
Dann stand ich vor den Drehkreuzen. Es gibt nämlich keine
Fahrkartenkontrolleure in den Zügen, sondern die Bahnsteige
sind durch Drehkreuze abgesperrt – und zwar durch solche, die
sowohl als Aus- wie auch als Eingang fungieren. Ist also gerade

ein Zug angekommen, wird man gerne einmal von einer Horde eiliger New Yorker überrannt, die einem entgegenkommen.

Aber die Drehkreuze konnte ich ohnehin nicht benutzen, mit Kinderwagen passt man nämlich nur durch die Notausgangstüren. Man darf jedoch nur diejenigen der schweren Eisentüren benutzen, die zusätzlich als «Service Exit» gekennzeichnet sind, und auch dann sollte man auf keinen Fall den roten Barren in der Mitte benutzen, um die Tür aufzudrücken – dann ertönt nämlich ein Alarm. Und natürlich darf man auch nicht einfach so durch die Tür, ohne zu bezahlen, sprich: sein Ticket durch den Schlitz eines Drehkreuzes zu schieben. Manchmal sind direkt neben den Türen zwar auch Ticketschlitze angebracht, aber die erkennen nur die ermäßigten Karten für Rollstuhlfahrer. Ich musste Finn also kurz stehenlassen, zum nächstgelegenen Drehkreuz hasten, das Ticket durchschieben und dann zurück zur «Service Exit»-Tür laufen. Ich schob mich und den Kinderwagen durch die Eisentür – und wurde dahinter von einer Kontrolleurin angeschrien.

«Hey! Ticket durchschieben!»

«Hab ich doch!»

«Das hab ich aber nicht gesehen!»

«Doch, da drüben.» (Natürlich hatte ich keine Ahnung, was Drehkreuz auf Englisch heißt.)

«Zeigen Sie mir mal Ihren Fahrschein.»

«Hier.» Der Fahrschein war ein scheckkartengroßes Mehrfahrtenticket, dessen schwarzem Lesestreifen man höchstens als Superheld mit übernatürlichen Fähigkeiten hätte ansehen können, wann die letzte Fahrt abgebucht worden war.

«Okay, ich lasse Sie heute ausnahmsweise nochmal durch.»

«Ich habe bezahlt!»

«Sie können von Glück reden, dass ich und nicht einer der Polizisten sie überprüft hat, die könnten Sie sofort abführen.»

«Tausend Dank, du blöde Ziege der Barmherzigkeit.» (Das murmelte ich im Weggehen auf Deutsch, obwohl ich durchaus wusste, wie sich «blöde Ziege der Barmherzigkeit» hätte übersetzen lassen.)

Nach weiteren zehn Minuten hatte ich den Fahrstuhl zum Bahnsteig gefunden – aber ich will mich nicht beklagen, schließlich durfte ich dankbar sein, dass es hier überhaupt einen Fahrstuhl gab. Die New Yorker Subway stammt nämlich von 1903, und nur eine Handvoll Stationen ist rollstuhlgerecht ausgestattet. Deshalb plane ich meine Trips immer nach eingehendem Kartenstudium des New Yorker Liniennetzes – die entsprechenden Haltestellen haben ein winziges Rollstuhlzeichen neben dem Namen der Station. Und so stieg ich auch nicht an der am günstigsten gelegenen Station, sondern der nächsten mit Fahrstuhl aus und machte mich auf den Weg in den Central Park, um Finn endlich etwas Auslauf zu gewähren.

Doch erst einmal war es Zeit für einen Still-Stopp. O ja, das öffentliche Stillen in Amerika. Nicht dass ich es in Deutschland angenehm gefunden hatte, meinen Busen hervorzukramen und mein Baby anzudocken. Ich weiß, das ist eine «ganz wunderbare, natürliche Sache», aber ich bin einfach keine öffentliche Stillerin, dabei fühle ich mich, wie wenn man in der Sauna einem Bekannten begegnet und beide krampfhaft bemüht sind, sich demonstrativ locker zu geben. Aber in Deutschland ist das öffentliche Stillen wenigstens die Regel.

Nun aber lebte ich in einem Land, in dem es einen wochenlangen Skandal ausgelöst hatte, als in der Pause eines im Fernsehen übertragenen Football-Endspiels Janet Jackson sang und dabei (vermutlich aus Versehen) eine Sekunde lang ihren rechten Busen entblößte. Mit bedeckter Brustwarze. Der Fernsehsender CBS blendete sofort aus, trotzdem beschwerten sich 200 000 Zuschauer wegen Erregung öffentlichen Ärgernisses, das Endspiel sei schließlich ein nationales Familienevent. CBS sollte eine halbe Million Dollar Strafe zahlen. Die Affäre ging als *Nipplegate* in die amerikanische Fernsehgeschichte ein. Was, wenn ich bei jedem Stillen ein kleines *Nipplegate* auslöste? Ich hatte schon als Schwangere bei einem USA-Besuch nach stillenden Müttern Ausschau gehalten. Fehlanzeige. Ich sah noch nicht einmal Frauen, die einen jener Diskretionsumhänge benutzten, die hier angeblich so viel populärer waren. Die Sache ist nämlich die, dass amerikanische Frauen in der Regel sechs Wochen nach der Geburt wieder arbeiten gehen und schon allein deshalb viel weniger Mütter ihr Kind überhaupt stillen.

Die Rettung war schließlich – wie so oft – Starbucks. Ja, ich bekenne mich hiermit ausdrücklich zu einem großen Fan dieser bösen amerikanischen Globalisierungskrake. Starbucks-Kaffee ist einfach um Klassen besser als die amerikanische Durchschnittsbrühe. Und zumindest in den USA war Starbucks nicht der Vernichter, sondern der Retter der Kaffeekultur. Erst diese Kette nämlich hat gemütliche Sofas in Coffeeshops eingeführt. Starbucks ist die US-Variante des Wiener Kaffeehauses, wo man angeblich auch ungestört zwei Stunden lang an seiner Tasse nippen darf. Und schließlich: Ich habe es versucht, oft, wirklich: Wann immer es auf unseren Amerikatrips einen örtlichen, unabhängigen Coffeeshop gab, habe ich dort bestellt. Aber erstens war der Kaffee fast immer noch teurer als der bei Starbucks, und zweitens war er fast immer schlechter. Außerdem gibt es bei Starbucks einen phantastischen Zitronenkuchen.

Und nun bot mir Starbucks wieder ein Heim. Die gutbesuchten New Yorker Filialen sind nämlich die öffentlichen Stillräume dieser Stadt. Dort sah ich meine erste amerikanische Still-Mutter, und dort machte fortan auch ich immer halt, wenn wir unterwegs waren und es Finn nach einem *Latte* verlangte. Danach bestellte ich mir meinen. Als stillende Mutter trank ich ihn schön brav entkoffeiniert – natürlich hat Starbucks auch den akzeptabelsten entkoffeinierten Caffè Latte.

Manche New Yorker Mütter ziehen übrigens das Kaufhaus Bloomingdale's vor. Die Toilette im achten Stock bei der Kinderabteilung, gleich neben den Aufzügen, verfügt nämlich über einen gepolsterten Kunstlederwickeltisch und einen Sessel. Ja, inzwischen bin ich Expertin in Sachen New York aus der Babyperspektive. Ich kenne mich vielleicht mit den Broadwayshows nicht besonders gut aus, und ich war noch in kaum einem der angesagten Edelrestaurants – aber ein kinderfreundliches Lokal, einen Wickeltisch und einen Spielplatz für fast jeden Stadtbezirk zu benennen: kein Problem.

Aber damals war ich ja noch Anfängerin. Damals folgte auf das Subway-Abenteuer mein schicksalhafter Tag an der Upper East Side. Der Tag mit der Nanny und den Flecken und den Furien im Schokoladenparadies Payard. Der Tag, an dem ich beschloss, mir eine Rolle in meiner eigenen Fernsehserie zu geben.

Die Folge, in der ich unter lauter amerikanische Mütter gerate

Als Erstes, so beschloss ich, musste ich mal wieder etwas für mein Äußeres tun. Beim Friseur war ich durchaus schon gewesen, aber was das angeht, hatte ich es bereits lange vor Finn aufgegeben, irgendeinen schicken Stil auf meinen Kopf zu zaubern. Ich habe unregelmäßige Wellen, ein paar Locken, und da ich weder fähig noch gewillt bin, mehr für sie zu tun außer waschen und lufttrocknen, sieht meine Frisur nicht aus wie Andie McDowells Lockenpracht, sondern wie ein Wischmopp, den man zum Trocknen verkehrt herum in einer Ecke abgestellt hat. Freundlichere Zeitgenossen nennen es meinen «natürlichem Stil»; damit bin ich gewillt, durchs Leben zu gehen.

Etwas Glamouröseres als ein neuer Haarschnitt musste also her: eine Mani- und Pediküre. Das war sehr amerikanisch. *Nail Salons* gibt es hier nämlich an jeder Ecke, weil die durchschnittliche amerikanische Frau – das erinnert mich übrigens sehr an türkische Gepflogenheiten – die Nagelpflege äußerst wichtig nimmt (die Haarpflege leider auch) und gerne professionellen Kräften überlässt. Zumal das sehr erschwinglich ist, da amerikanische Kosmetiksalons oft Asiatinnen zu Dumpinglöhnen und ausbeuterischen Arbeitsbedingungen beschäftigen. So wie in Deutschland regelmäßig gewisse Einzelhandelsketten in die Schlagzeilen geraten, sind es hier die Nail Salons, aus denen immer wieder Horrorgeschichten über verweigerte Toilettenpausen und Erpressungsversuche an die Öffentlichkeit dringen.

Ich durchforstete also ein paar einschlägige Internetforen und landete bei Amie's Nails, wo eine strenge Asiatin, die mich an Mrs. Kim aus *Gilmore Girls* erinnerte und mit ihren Kunden auch am Telefon nur durch ihren Mundschutz kommunizierte, ein paar Mexikanerinnen hoffentlich angemessene Löhne zahlte. Dieser Laden hatte allerdings nichts, aber auch gar nichts mit *Sex and the City* zu tun, sondern war echt amerikanisch: Echt amerikanische Kosmetiksalons sehen aus, als existierten sie schon seit den frühen siebziger Jahren, und verweigern sich konsequent der Holz-und-Orchidee-Ästhetik heutiger Spas.

Amie's Nails war ein langgestreckter Raum mit dunkelrosa gemustertem Teppichboden. Die blendend weiße Neonbeleuchtung erinnerte an den Flur einer zweitklassigen Jugendherberge. Ganz vorne standen vier Tische für die Maniküre, davor schwarze Bürostühle für die Kundinnen, dann kamen vier leicht erhöhte monströse froschgrüne Ledersessel. Ansonsten war der Laden in einer abgespeckten Variante des Einrichtungsstils «chinesischer Imbiss» dekoriert, mit künstlichen Bonsais, fast ebenso leblosen Ficusbäumchen und einem schmutzig gelben Stillleben an der Wand, das eine Vase Sonnenblumen zeigte. Neben Werbeaufstellern, die extraschnell trocknenden Nagellack oder schäumende Fußbäder «für das Spa daheim» priesen, standen buntbemalte chinesische Porzellanfigürchen. An einer Wand hingen zwei osteuropäisch anmutende Bauernmarionetten an einem Nagel. Außerdem standen noch zwei Wartesofas herum, so abenteuerlich gemustert und überdimensioniert, wie ich sie nur aus türkischen Wohnzimmern kenne.

Eine der Mexikanerinnen kam lächelnd auf mich zu. Wie ihre Kolleginnen, Mrs. Kim eingeschlossen, trug sie eine karierte, mit Kätzchen und Häschen bestickte Schürze. Vielleicht betrieb Mrs. Kim ja noch eine Kinderkochschule?

«Guten Tag», sagte ich, «ich habe keinen Termin, wollte aber fragen, ob ich vielleicht trotzdem einen Keks, äh, eine Maniküre und Pediküre bekommen könnte.»

«Termin?», fragte die Mexikanerin, die laut Schildchen Maria hieß, und lächelte.

«Nein, ich habe keinen Termin.» Maria nickte, lächelte und brachte den Terminkalender. «Nein, Maniküre, Pediküre, jetzt», erklärte ich und kam mir vor wie meine Mutter, wenn sie sich mit meiner türkischen Oma zu verständigen versuchte. Zum Glück schaltete sich da Mrs. Kim ein.

«Maniküre, Pediküre?», wiederholte ich. Mrs. Kim nickte und wies auf ein Regal mit ca. 200 Nagellackfläschchen. «Hrmpfhpfgmpf», hörte ich durch den Mundschutz. Ich nickte lächelnd und bewunderte ehrfürchtig die Nagellackkollektion. Maria half mir: «Farbe auswählen», sagte sie lächelnd. «Ahh!», rief ich dankbar und brauchte, dem zunehmend verunsicherten Lächeln Marias nach zu urteilen, etwa zehnmal so lange wie die durchschnittliche Kundin, um eine Farbe auszuwählen. Die Auswahl bestand aus tiefen Rot- und Lilatönen, viele mit Glitzerpartikeln, das schien mir fürs erste Mal zu gewagt, und etwa 80 Varianten eines unauffälligeren Beige-Rosa-Tons, die ich mir genauer ansah. Schließlich hatte ich «Nude Simplicity» gefunden, das erschien mir eine sichere Sache. Verwegen griff ich für die Zehennägel zu einer etwas kräftigeren Variante. Erleichtert nahm mir Maria die Fläschchen ab und führte mich zu einem der grünen Ledersessel. Ich zog Schuhe und Strümpfe aus und lehnte mich zurück.

Ich musste dringend neben *Eltern* und meinen zwei amerikanischen Elternmagazinen noch US-Mode- und Frauenzeitschriften abonnieren, nahm ich mir vor, damit ich in Zukunft wusste, zu welcher Nagellackfarbe eine amerikanische Serienheldin von Welt greifen würde. Den *New Yorker* und die Stadtillustrierte *New York Magazine* bekam ich schon; wohin mich meine pediküren Füße theoretisch tragen sollten, konnte ich also nachschlagen. Ich bin nämlich ein Zeitschriftenfan, und in Amerika war ich zum Junkie geworden, denn Abos sind hier spottbillig. Statt Werbegeschenken wie Halsketten, Kaffeetassen oder Kinderhochsitze bekommt man die Zeitschrift selbst quasi geschenkt, pro Ausgabe kostet sie dann ein Drittel des Ladenpreises. Die Abos verlängern sich nicht einmal automatisch. Den einzigen Nachteil, den man in Kauf nehmen muss, ist, kurz vor und nach Ablauf der Jahresfrist einmal pro Woche Drohbriefe ins Haus zu bekommen: «Verlängern Sie jetzt!», «Wir sind untröstlich! Wenn Sie Ihr Abo jetzt nicht verlängern, verpassen Sie die nächste Ausgabe!», «Wenn Sie jetzt nichts unternehmen, können wir eine ununterbrochene Lieferung nicht mehr garantieren!», «Antworten Sie innerhalb einer Woche, oder Ihre Daten werden aus unserem Verteiler gelöscht!»

Ich liebäugelte außerdem noch mit *Good Housekeeping*, um endlich zu einer zweiten Bree zu werden, und *Real simple*, einer Zeitschrift, die Tipps für einen perfekt durchorganisierten, aber möglichst einfachen Lebensstil bereithält. Von ihr würde ich dann lernen, wie man es schafft, ohne acht Zeitschriftenabos zu überleben. Meine Gedanken wurden jäh unterbrochen. Maria hatte einen Knopf gedrückt, und der Sessel attackierte mich.

Amerikaner lieben Massagestühle. In jeder Mall stehen diese Ungetüme zur Selbstbedienung gegen Münzeinwurf bereit, aber das hier war meine erste nähere Bekanntschaft mit so einem Monster. Zu einem dumpfen Rattern schoben sich von hinten eiserne Fäuste durch das Polster in meinen Rücken und drückten mich mit energischen Stößen so weit nach vorn, dass ich schon fürchtete, mit der Nase in Marias Ausschnitt zu landen. Doch auf halbem Weg stoppte die Massage, und während einer trügerischen Ruheminute schob sich die Rückenlehne wieder zurück. Maria hatte meine Füße inzwischen in Kochwasser getaucht. Dann fing der gesamte Sessel an zu vibrieren, und ich mit ihm, einschließlich Augenlidern und Kieferknochen. Außerdem musste ich feststellen, dass ich straffere BHs tragen sollte. Während ich mich hektisch auf die Suche nach der Fernbedienung mit dem Ausschaltknopf machte, fing Maria an, mir mit einer Bürste die Haut von den eingeweichten Füßen zu schrubben. Ich kam mir vor wie in einem türkischen Hamam – und wer mich kennt, weiß, dass ich gegenüber diesen «orientalischen Oasen» mit ihren folterähnlichen Reinigungsritualen gemischte Gefühle hege.

Der Rest der Prozedur, auch der Umzug an einen Maniküretisch, verlief zum Glück schmerzlos und unauffällig. Ich wollte eigentlich lesen, wurde aber von dem laufenden Fernseher in der Ecke abgelenkt, wo die amerikanische Version von *Wer wird Millionär?* zu sehen war. Diese Shows sind im US-Fernsehen viel unterhaltsamer, weil Amerikaner bereitwillig ihre Gefühle zur Schau stellen, wenn die Situation, also öffentliche Gewinnspiele, Überraschungspartys oder Volksmusikabende, es erfordert. Als ich mit Robert während einer Radtour in Brandenburg einmal auf einem Dorffest landete und die Band das verzagte Publikum zum Mitsingen aufforderte, grölte er unverzüglich, falsch und mit sehr beschränktem Wortschatz, aber strahlendem Gesicht und lautstark mit: «*Beer* ... Hawaii!!»

Während Maria also meine Nägel feilte und lackierte, betrachtete ich eine Janet aus Wisconsin, die ihr fleischiges Gesicht in erstaunlich viele nachdenkliche Falten zu legen vermochte, wenn die Fragen gestellt wurden. Nach jeder richtigen Antwort brach sie in telegene Jubelschreie aus, als sei ihr die Million schon sicher. Nach der Maniküre platzierte mich Maria lächelnd an einer Theke, wo meine Hände in einem Luftstrom trockneten. Und als Janet und ich an der 16 000-Dollar-Frage scheiterten, waren meine Nägel trocken.

Der erste Schritt in mein neues Leben als Mutter *und* Frau war damit getan. Ich wischte die Reste vom Haferbrei nun mit manikürten Fingern vom Kinn meines Sohnes, und meine Füße waren fast so zart wie seine.

Jetzt brauchte ich Freundinnen. In jeder anständigen Serie ist die Hauptfigur schließlich umringt von Freunden und Freundinnen, die je nachdem als normale, exzentrische, gemeine, selbstlose, spießige oder glamouröse Ergänzung fungieren, damit möglichst viele Zuschauer jemanden finden, mit dem sie sich identifizieren beziehungsweise über den sie sich aufregen können – das stärkt die emotionale Bindung an die Serie, und die wiederum sorgt für eine konstante Quote. Aber wie und wo schließt man Bekanntschaften, wenn man weder studiert noch arbeiten geht?

Ich habe keine Ahnung, was ich unter anderen Umständen getan hätte. Vielleicht ein Dutzend Volkshochschulkurse besucht? So aber war der erste Schritt recht einfach: Ich machte mich auf die Suche nach Müttern. Mütter waren perfekt für meine Serie, die schließlich zu einem Großteil von meinem Leben als neue Mutter und als neue Amerikanerin handelte. Mütter und Einwanderer haben nämlich erstaunlich viel gemeinsam: eine eigene Sprache («Hat Hasi am bubu auaua?»), den Hang zur Ghettobildung (Spielplätze! Krabbelgruppen!) und die Sehnsucht nach dem früheren Leben.

Alles ganz schlecht, um sich in seiner neuen Heimat heimisch zu fühlen, würde mein vorbildlich assimilierter Vater sagen, der vor vielen Jahren aus der Türkei nach Deutschland kam. Und als brave deutsch-türkische Tochter hatte ich immer gedacht: Recht hat er. Doch als Bewohnerin von Dada-Land war mir längst klar: Manchmal helfen genau diese drei Dinge, sich an jedem Ort der Welt zu Hause zu fühlen. Denn so wie in der Fremde neue Einwanderer gerne möglichst nahe an ihre Landsleute heranrücken, reicht allein schon das Muttersein, um sofort Verbündete zu finden. Es knüpft ein unsichtbares Band zwischen völlig Fremden, die unter anderen Umständen vielleicht keine zwei Worte miteinander wechseln würden, und sorgt dafür, dass man sofort Kontakt zu verunsicherten Leidensgenossen und erfahrenen alten Hasen gleichermaßen findet. Als Mutter wird man so im Eiltempo zur Einheimischen, inklusive all der Insidertipps, die diesen Status so wertvoll machen.

Also machte ich mir am nächsten Morgen, während Finn sein Vormittagsschläfchen hielt, einen Kaffee und suchte im Internet nach Müttern. In diesem Land läuft in der Hinsicht nämlich alles online. Weder bei der Kinderärztin noch im örtlichen Supermarkt oder der Bibliothek hatte ich irgendwelche Zettelaushänge entdeckt. Ich googelte «Krabbelgruppe», «South Orange», «Babys», «Mütter» und andere relevante Fachbegriffe, und kurze Zeit später war mir klar: Amerikas *stay-at-home moms* tun so ziemlich alles, außer zu Hause zu bleiben. Kein Wunder, dass ich später ständig Visitenkarten in die Hand gedrückt bekommen sollte. Sie waren am Automaten selbst ausgedruckt oder über Websites für Babybedarf bestellt worden, zeigten oft Kinderfotos oder Blumen und enthielten neben den Kontaktdaten noch Berufsbezeichnungen wie «Vollzeitmama von Tim (4) und Amy (18 Mo.)» oder «Managerin von Lucy (3)».

Ich hatte die Wahl zwischen Krabbelgruppen für «Mütter über 40», «Mütter von Einzelkindern», «Mütter von Söhnen», «Mütter ohne eigene Mutter», «Mütter von Kindern mit häufig abwesenden Vätern» oder «Nichtjüdische Mütter jüdischer

Kinder». Und das war nur das Repertoire, das der örtliche Ableger einer landesweiten Müttervereinigung, den *MultiMüttern*, im Angebot hatte. Dort gab es außerdem die «Kinderwagen-Walker», eine Gruppe, die sich bei schönem Wetter einmal pro Woche im nahen Waldpark traf und 45 Minuten lang zügigen Schrittes eine Runde mit dem Kinderwagen drehte, und die Gruppe für «Neue Mütter». Das klang mir nach einem guten Start, und ich beschloss, Mitglied bei den *MultiMüttern* zu werden. Damit hatte ich Zugang zum Forum, in dem sämtliche Termine ebenso angekündigt wurden wie alle wichtigen Fragen von «Schnuller ja oder nein» bis «Wo gibt's hier den besten Brunch für ein Treffen OHNE Kinder?» zu einem regen Meinungsaustausch führten.

Die «Neuen Mütter» trafen sich immer dienstags reihum bei einem Gruppenmitglied. Am kommenden Dienstag würden wir uns alle «im Spielkeller von Amy und Sarah» treffen. Was ein Spielkeller war, wusste ich inzwischen. In amerikanischen Familien verfügen die Kinder nämlich nicht einfach nur über ein Kinderzimmer. Das Kinderzimmer ist vielmehr nur das Schlafzimmer der Kinder. Gespielt wird im *family room* – so heißt das Wohnzimmer, sobald Nachwuchs da ist, sich vor dem riesigen Flachbildfernseher auf dem Boden lauter Spielzeug türmt und die Couch in erster Linie gemütlich (= fleckig, weich und riesig) und nicht unbedingt gästetauglich sein muss. Besuch wird dann vielmehr in den *living room* geladen, was entweder eher ein Esszimmer oder aber ein spielzeugfreies, schickeres Vorzeigewohnzimmer mit edleren Sofas, die «gute Stube», ist.

Wenn das Haus über einen Keller verfügt, hat sich dort oft entweder der Mann im Haus einen *playroom* eingerichtet – mit leinwandgroßem Dolby-Surround-Flachbildfernseher, elektrisch verstellbarem Ledersessel und am besten noch einer

Spielkonsole –, oder aber es ist das euphemistisch *playroom* genannte theoretische Spielzimmer der Kinder. Praktisch fungiert der Keller nämlich eher wie eine Spielzeugabstellkammer, weil naturgemäß kein Kind Lust hat, allein im Keller zu spielen, während Mama oben viel interessantere Dinge tut, wie Spülmaschine ausräumen oder Staub wischen. Seiner Bestimmung entsprechend genutzt wird so ein Keller eigentlich nur, wenn Besuch mit älteren Kindern da ist, dann verkriechen sich tatsächlich alle begeistert aus dem Blickfeld der Erwachsenen – oder eben, wenn man Gastgeber einer Spielgruppe ist.

So wie Amy und Sarah. Während ich mir unter ihrem «Spielkeller» also durchaus etwas vorstellen konnte, hatte ich keine Ahnung, ob «Amy und Sarah» Mutter und Tochter waren oder sich vielleicht nur auf zwei kleine Mädchen bezog, oder auf ein lesbisches Elternpaar. Bei manchen Eltern ist es ja so, dass, sobald sie ein Kind bekommen, dieses schon als Neugeborenes aufs (selbstgemalte) Klingelschild kommt, auf Partyeinladungen auftaucht («Michael, Anna und Elisabeth wollen mit euch aufs neue Jahr anstoßen» – mit einer Magnum-Nuckelflasche?) und der Anrufbeantworter darüber informiert, dass «Michael, Anna und Elisabeth leider nicht zu Hause sind», obwohl meiner Erfahrung nach noch nicht einmal die Großeltern anrufen, um mit ihrem drei Wochen alten Enkelkind zu plaudern.

Aber ich würde Amy und Sarah ja bald kennenlernen. Am Dienstagmorgen zog ich Finn sein hellblaues Krabbeloutfit mit dem aufgestickten Dinosaurier an, weil darin seine tiefblauen Augen besonders gut zur Geltung kamen, und die rotblauen Schühchen mit der weichen Ledersohle, die uns amerikanische Freunde zur Geburt geschenkt hatten. Diese sündhaft teuren Krabbelslipper waren der letzte Schrei – und außerdem halfen sie Finn auf Holzfußböden, überhaupt vorwärtszukommen. Schließlich schmierte ich sein Gesicht dick mit parfüm- und farbstofffreier Spezialcreme für extratrockene, zu Ekzemen neigende Babyhaut ein, bis er so rosig glänzte wie Babywangen in Babywerbung.

Dann zog ich ihm sein Dinosaurieroutfit und die Schuhe wieder aus, wechselte eine volle Windel und zog das Dinosaurieroutfit und die Schuhe wieder an. Im nächsten Moment fiel mir ein, dass ich die Wickeltasche auffüllen musste. Dann stieß Finn auf, und ein langer glänzender Schleimstreifen zog sich von seinem Kinn bis zum Bauchnabel des Dinosauriers. Ich zog Finn seine Schuhe und sein Dinosaurieroutfit wieder aus, holte sein dunkelblaues Krabbeloutfit mit den tanzenden Monstern, zog es ihm an und streifte ihm die Schuhe wieder über. Schließlich setzte ich ihm die blau-rote Baseballkappe mit dem Logo von Roberts Heimatverein auf, die uns meine Schwiegereltern geschickt hatten. Finn hatte damals immer noch etwas Kopfgneis, und auch wenn diese gelblich weiße Schorfschicht harmlos ist, so ist sie wirklich kein sehr vorteilhafter Anblick, schon gar nicht bei einem so glatz- und riesenköpfigen Baby, wie Finn es war. (Einen riesigen Kopf hat er noch immer, daran sind die Alanyali-Gene schuld, ich werde nie einen Hut tragen können, weil es Hüte in meiner Größe nicht gibt.)

Endlich stürzte ich in meiner Jeans und einem alten grauen Shirt, das ich eigentlich längst ausrangieren wollte und nur noch zu Hause trug, aus dem Haus. Wir waren spät dran, und da amerikanische Einladungen gerne mit genauen Zeitangaben erfolgen («Wir freuen uns, euch am nächsten Sonntag von 10.23 bis 12.14 Uhr zum Brunch bei uns zu Hause zu begrüßen»), war ich mir nicht sicher, wie viel Pünktlichkeit auch von Müttern mit Kleinkind erwartet wurde. Außerdem musste ich mir um meine Garderobe weniger Sorgen machen als um Finns. Während sie ihre Kinder in der Regel sehr sorgfältig und niedlich anziehen, tragen amerikanische Mütter standardmäßig ein langes T-Shirt oder eine weite Bluse, Jeans oder Shorts und unbedingt Skechers, so eine Art Ballerina aus Wandersandalenmaterial mit einem Riemen über dem Spann.

Ich hatte mir praktisch eine komplett neue Garderobe zulegen müssen. Zwar bin ich auch in Berlin alles andere als eine Modemaus gewesen, aber für den Spielplatz war meine Kleidung einfach zu hell, zu unbequem oder schlichtweg unpraktisch; Röcke zum Beispiel vertragen sich mit Klettergerüsten oder improvisiertem Windelwechseln gar nicht. In den USA wäre man dann mit Rock wahrscheinlich immer kurz davor, wegen Erregung öffentlichen Ärgernisses verhaftet zu werden. Vermutlich sind Shorts im familienorientierten Amerika auch deshalb zur nationalen Volkskleidung geworden.

So besaß ich jetzt zum ersten Mal in meinem Leben drei Paar Jeans – ein Hosenkauf ist für mich nämlich psychologisch ungefähr so aufbauend wie eine Erstlingsgeburt körperlich, und Jeans zu finden, die gut sitzen und gleichzeitig einigermaßen gut aussehen, ist die Zwillingsgeburt unter den Hosenkäufen. Aber die gewagte Kombinationsfreude der amerikanischen Durchschnittsmutter, die unbekümmert Shorts zu Oberschenkeln trägt, die den Umfang und die Maserung stattlicher Eichenstämme vorweisen, hat mich sehr viel entspannter gemacht, was meine Beinkomplexe angeht (auch ich ordne mich da in die, wenn auch gemäßigte, Baumkategorie ein). Doch, das Leben in Amerika macht einen wirklich gelassener, neulich war ich sogar in Jogginghosen Milch holen.

Als ich in meinem alten Shirt und mit 20-minütiger Verspätung eintraf, waren alle anderen schon da. Amy öffnete mit Sarah (aha, Mutter und Tochter also!) die Tür. Es folgte das Begrüßungsritual, das ich bis heute mit ungefähr tausend amerikanischen Müttern in nahezu identischer Form absolviert habe.

«Hi, ich bin Amy (bzw. X Y), nett, Sie kennenzulernen.»

«Hi, ich bin Iris, nett, Sie kennenzulernen.»

«Und du, kleiner Mann, wer bist du?»

«Das ist Finn.»

«Hi Finn!»

«Und das ist Sarah (bzw. Y Z).»

«Hi Sarah!»

«Sag hi, Sarah!»

«---»

«Sarah ist heute sehr schüchtern.»

Dabei würde Sarah immer schüchtern sein, so wie John immer quengelig und Kyla immer gewaltbereit sein würden. «Heute» ist in der Charakterbeschreibung von Eltern für ihre Kinder die Kurzform von «Er/Sie nervt immer so, uns passt das auch nicht, aber wir wollen es einfach nicht wahrhaben». Genauso sinnlos erschien mir die «Sag hi»-Phrase, aber ich lernte schnell, dass amerikanische Mütter ihrem Nachwuchs schon im Säuglingsalter elementare Höflichkeitsfloskeln ein-zutrichtern beginnen. Kein Wunder, dass die amerikanische Gesellschaft so gut im Smalltalk ist.

Bereits auf dem Spielplatz für die Allerkleinsten sind «Bitte! Sag bitte!», «Danke! Sag danke!», «Entschuldigung! Sag Ent-schuldigung!» und «Schön teilen!» die am häufigsten ver-wendeten Wörter – jedenfalls der Nannys und Mütter. Ich hin-gegen erwarte von einem Einjährigen keineswegs, dass er sich entschuldigt, wenn er Finn zur Seite schiebt, mein Sohn pflügt ebenfalls wie Gozilla durch seine Welt. Ich halte das für die na-türliche Bewegungsform von Kleinkindern, schließlich muss diese Welt ihnen ja wie ein Urwald erscheinen.

Auch glaube ich nicht, dass das Konzept des Teilens ein be-greifliches ist für Lebewesen, die zum einen seit ihrer Geburt nur «äh» zu machen brauchten, damit ihre Sklaven angerannt kamen, und die zum anderen bislang stets die Erfahrung gemacht haben, dass, je mehr sie von dem, was ihnen zum Essen vorgesetzt wird, in sich hineinstopfen, desto zufriedener ihre Eltern wirkten. Und jetzt ist es plötzlich erwünscht, etwas abzugeben? Ich halte es da eher mit meiner türkischen Großmutter: «Das lernen die noch früh genug!» Aber natürlich musste ich das Spiel auf amerikanischen Spielplätzen mitspielen und würde meinen Sohn darüber informieren, dass er die Hälfte seines Stöckchens einer wildfremden Rotznase zu überlassen habe: «Schön teilen!», würde ich sagen und mich dann augenrollend an die Mutter wenden: «Finn ist heute sehr eigensinnig!»

In Amys und Sarahs Spielkeller erwarteten mich Tiffany mit Owen, sechs Monate, Sandra mit Lilly, zehn Monate, und Janet mit Lizzy, fünf Monate, sowie ein ganzes Arsenal an blinkenden, tönenden Spielsachen. Wobei «Spielsache» eigentlich nicht der richtige Ausdruck ist, Amerikaner nennen sie «Lerncenter». Ein kleiner Plastiktisch etwa, der an einer Seite Klaviertasten hat, an einer anderen einen Rechenschieber und überall bunte Knöpfe, die verschiedene Mechanismen und Töne in Gang setzen, und obendrauf eine Art «Buch», dessen einzige Seite man umklappen kann und das daraufhin verschiedene Melodien spielt.

An diesem Tisch krallte sich Lilly mit hypnotisiert wirkendem Gesicht gerade fest. Owen hing hilflos im «Exersaucer», das ist dasselbe in rund mit einem Loch in der Mitte, in dem ein Stoffsack hängt, in den wiederum zwei Löcher für die Beinchen gestanzt sind. Dort setzt man sein Kind rein, damit es schneller laufen lernt. Sagt der Hersteller. Lizzy schließlich lag in einer Babywippe – so etwas hatte Finn zu Hause auch, ein Secondhand-Geschenk einer Freundin, mit einem schwarzen Metallgestell und einem Liegesitz mit abgegriffenem, fleckigem beigem Cordbezug. Dieser Sitz war in den ersten Monaten unser wichtigstes Babyutensil, böse Zungen würden sagen: unser Babyabstellgestell. Ich brachte es bald zur Meisterschaft im einfüßigen Beim-Abspülen-oder-Frühstücken-Schnellwippen und kannte die genaue Frequenz, die Finn zu beruhigen oder gar einzuschläfern vermochte. Lizzys Exemplar aber benötigte keine menschlichen Füße. In drei verschiedenen Lautstärken konnte man sphärische Klänge abspielen, dazu blinkten rhythmisch ein rotes, ein grünes und ein blaues Licht. Selbstverständlich schaukelte der Sitz elektronisch in drei verschiedenen Geschwindigkeitsstufen. Der Bezug war in leuchtend bunten Farben gehalten, dazu baumelten passende Fische vor Lizzys Nase; hätte sie daran gezogen, hätte sie die Musik eigenhändig steuern können.

Als ich Finns Trinkflasche hervorkramte, die eine Freundin aus Deutschland mitgebracht hatte, gab es allgemeine Begeisterung für «dieses Designerstück». Einen Moment lang dachte ich, Sandra wolle mich auf den Arm nehmen. Aber amerikanische Mütter nehmen einen niemals auf den Arm, solange sie einen nicht wirklich gut kennen. Bis dahin ist alles, was ungewöhnlich oder irritierend erscheint, «sehr interessant». Sandra fand die Flasche also tatsächlich schick – weil es ein ganz einfacher, einfarbig oranger Trinkbecher war, der aus nur drei Teilen bestand: Flasche, Deckel, Mundstück. Amerikanische Trinkbecher sind dagegen Mini-Lerncenter: kreischend bunt, mit bekannten Film- und Fernsehfiguren, die das Kind benennen kann, dazu Zahlen oder Buchstaben, damit es beim Saftnuckeln gleich noch lesen und rechnen lernt, und Rillen und Noppen für die synapsenfördernde Greiferfahrung. Außerdem bestehen sie in der Regel aus mindestens fünf Einzelteilen, die der Sicherheit, dem altersgerechten Trinkerlebnis sowie der Tropf- und Verschüttungsvermeidung und Rechtfertigung des horrenden Preises dienen. «Toll!», seufzte Sandra, und ich fragte mich, ob im Vertrieb deutscher «Designerflaschen», die sich zu Hause in jedem Supermarkt finden ließen, vielleicht ein Geschäftsmodell steckte.

Als ich den Frauen meine Kurzbiographie erzählte, nickte Tiffany neidisch: «Da hast du bestimmt *Tonnen* an deutschen Spielwaren mitgebracht.» Nun, eigentlich nicht. Wir wollten unser Gepäck so gering wie möglich halten und hatten unsere Freunde zu Finns Geburt alle um Bücher gebeten. Aber natürlich hatte ich einen Eimer voll mit naturfarbenbemalten Bauklötzen mitgebracht, Stofftiere aus hochwertigem Mohairplüsch und eben zahlreiche deutsche Kinderbücher, darunter auch einige, die Finn frühestens in drei Jahren verstehen würde. Mein Sohn durfte keinesfalls der Disney-Gehirnwäsche unterzogen werden, sondern musste umgehend an das Land der Dichter und Denker in Gestalt von Piggeldy und Frederick herangeführt werden.

Was ich zu diesem Zeitpunkt nicht wusste: Außer den Büchern bekommt man all die guten deutschen Markenprodukte in jedem kleinen amerikanischen Spielzeugladen und auch in den meisten Spielwarenketten, die etwas auf sich halten. Spielzeug aus Deutschland ist nämlich der letzte Schrei in der gutverdienenden amerikanischen Elternschicht. Und jede Mutter hier kannte sich besser mit den Top-Marken aus als ich. Solide deutsche Spielwarenkunst gilt als die Zukunft des gesunden Kinderzimmers, wahrscheinlich weil es in der Vorstellung der Amerikaner von kernigen Holzfällern gefertigt und anschließend von dirndltragenden Bayerinnen bemalt wird – ganz im Gegensatz zur amerikanischen Durchschnittsware, die aus chinesischen Chemikalienfabriken stammt!

Die Frage, warum Tiffany, Janet, Sandra und Amy bei so

großer Begeisterung für die solide deutsche Einfachheit ihre Kinder in diese Science-Fiction-Spielungetüme steckten, verkniff ich mir. Finn war es, der sie mir beantwortete: Seine Designerflasche hatte er längst links liegengelassen und war schnurstracks zu Lillys Lerncenter gekrabbelt, hatte sich daran hochgehangelt und war die nächste halbe Stunde – in Baby-Zeitrechnung bekanntlich eine Ewigkeit – wunschlos glücklich.

Und ich konnte am Abend sagen: Ich habe meine ersten eigenen amerikanischen Bekanntschaften gemacht. Denn Roberts Kollegen und Kolleginnen und ihre Partner fand ich zwar allesamt interessanter, aber anders als in einer Fernsehserie, in der die Figuren aus zeitökonomischen Gründen die spannendsten Bekanntschaften im Waschsalon machen, im Supermarkt Freundschaften fürs Leben schließen und beim Gassigehen mit dem Hund entweder ihrer frisch verwitweten Jugendliebe oder ihrer totgeglaubten Mutter begegnen, sieht die Rechnung im richtigen Leben etwas anders aus: Man trifft, sagen wir, einhundert Menschen. Von denen lernt man fünfzig näher kennen. Fünfundzwanzig davon findet man sympathisch. Bei zwölf besteht die Sympathie auf Gegenseitigkeit. Mit sechs tauscht man Telefonnummern aus. Bei drei Personen kommt es zu weiteren Treffen, und wenn man Glück hat, entwickelt sich mit einer so etwas wie eine Freundschaft.

Es lag also noch ein weiter Weg vor mir, bis ich in meiner Serie zu einer Episode kommen würde, in der ich mit drei Freundinnen kichernd in einer Bar sitze und über Männer rede.

Also nahm ich gleich am nächsten Tag an den «Kinderwagen-Walkern» teil, obwohl ich als Joggerin für das Walking eigentlich nur ein Naserümpfen übrighabe und die asphaltierte Schleife, die wir mit unseren Kinderwagen entlangliefen, einen

Bruchteil meiner Joggingstrecke durch den Park ausmachte. So hatte ich dem Charakter der Veranstaltung auch nur mit einem Paar bequemer Schuhe Rechnung getragen. Erstaunt bemerkte ich bei meiner Ankunft auf dem als Treffpunkt ausgemachten Parkplatz, dass die anderen Damen mit Baseballkappen und in Trainingsanzügen erschienen waren.

Der Park, genauer gesagt, das South-Mountain-Reservat ist ein wunderschönes, hügeliges Waldgebiet, das direkt an South Orange grenzt. Es ist groß genug für Tageswanderungen, hat mehrere Picknickplätze, einen Wasserfall, viele Rehe, wilde Truthähne und mindestens einen Bären, der neulich im Garten von Anrainern auftauchte. (Und außerdem genug malerisch verschlungene Waldwege, um sich auch auf kurzen Jogging- runden hoffnungslos zu verlaufen.) Nur ein winziger Teil ist mit dem Auto zugänglich, dort gibt es besagten Asphaltweg, einen Hundepark und einen Aussichtspunkt, von dem aus man bei klarem Wetter die New Yorker Skyline erkennen kann. Am 11. September 2001 versammelten sich hier fassungslose Spaziergänger und starrten auf die Rauchwolken über Man- hattan.

Wir waren nur zu dritt, Rita, mit ihrer Tochter Samantha, «Sam», Addison, die «Gruppenleiterin», mit Sohn Timothy, und ich. Nachdem wir uns vorgestellt hatten und ich meine übliche Kurzbiographie abgegeben hatte, schob Rita ihren Jog- ger-Kinderwagen aufgeregt um Addison herum neben mich und wich mir während unseres Laufs nicht mehr von der Seite: «Wie interessant! Wir bekommen bald ein deutsches Au-pair! Ich bin schon ganz aufgeregt! Morgen fahre ich zu Ikea, um europäische Bettwäsche zu kaufen, ich habe gelesen, dass die anders aussieht als amerikanische, und Sabine soll sich ja wohl fühlen!» Ich versicherte Rita, dass das sehr nett von ihr sei, doch Sabine würde sicher auch in einem im amerikanischen

Stil bezogenen Bett – mit einer Art Tagesdecke und einem darumgeschlagenen Laken – gut schlafen. Auch wenn ich zugeben müsse, dass ich sehr froh sei, dass meine deutsche Daunendecke mit über den Atlantik gekommen sei. Aber solche Decken hätte ich doch auch schon in amerikanischen Läden gesehen, wieso sie dafür extra zu Ikea fahre? «Ich liebe Ikea!», rief Rita.

Rita würde überhaupt noch viel rufen, sie war groß, blond, und nicht nur der Busen an ihr war recht üppig. Rita stammte eigentlich aus Texas, einem klassischen Ausrufezeichen-Staat. «Für meine beiden Großen ist Ikea ein riesiges Spielzimmer! Und die Fleischbällchen! Und das Flugzeuge-Kucken!» Das nächstgelegene Ikea-Kaufhaus liegt nämlich direkt am Flughafen Newark, und von der Fensterfront des Restaurants aus kann man beim Köttbullar-Mampfen (die heißen in Amerika übrigens nur «Swedish meatballs») die Start- und Landebahnen beobachten.

«Und außerdem kann ich da auch gleich den Rest für Sabines Zimmer besorgen! Wie sieht denn ein deutsches Teenagerzimmer aus? Hach, es ist ja so praktisch, dass ich dich getroffen habe! Du musst mir alles über Deutschland erzählen! War es nicht eine riesige Umstellung für dich, hierherzukommen? Obwohl – für eine Texanerin ist New Jersey auch ein ziemlicher Schock! Haha!» Das kann ich mir vorstellen, dachte ich, und für New Jersey musst du auch ein ziemlicher Schock sein. Ich hatte Rita sofort in mein Herz geschlossen – schon allein, weil sie die erste Amerikanerin war, die sich für meine deutsche Herkunft interessierte.

Für Amerikaner ist man nämlich nichts besonders Exotisches, wenn man aus einem fremden Land kommt, für die meisten ist das nur der Anlass, ihre deutsch- oder was-auch-immer-stämmige Großmutter zu erwähnen. Nur die drei Jahre Elternzeit, die es in Deutschland gibt, die sorgt zumindest unter Müttern für ein paar Minuten Gesprächsstoff, davon haben viele gehört. Dann genießen sie es, sich mit masochistischer Neugier von mir die deutschen Regelungen von Mutterschutz, Elternzeit und neuerdings auch Elterngeld (das sorgt regelmäßig für halbe Ohnmachtsanfälle) noch einmal erklären zu lassen, um sich dann über das amerikanische Sozialsystem zu empören. In den USA ist dagegen schon der Mutterschutz ein Luxus und hängt stark vom Staat und dem Arbeitgeber ab. Unternehmen, die nach der Geburt sechs Wochen bezahlten Extra-«Urlaub» anbieten, gelten als enorm fortschrittlich, in der Regel sparen sich Schwangere für die Zeit nach der Geburt ihre freien Tage auf und gehen sechs Wochen später wieder arbeiten. Elternzeit, die Garantie auf den Arbeitsplatz nach unbezahlter Abwesenheit, ist ganz unbekannt. Auch deshalb sind Nannys, die täglich ins Haus kommen oder sogar dort leben, viel verbreiteter, selbst wenn das Gehalt der Mutter für ihren Lohn draufgeht.

Natürlich sprach ich auch mit Rita über meine außerordentliche Lage, für bis zu drei Jahre einfach so in die USA kommen zu können und gleichzeitig meinen alten Job als Sicherheitspolster im Rücken zu wissen. «Also in *sozialen* Dingen sind die Europäer ja sooo fortschrittlich, da können wir noch einiges lernen!», sagte sie. «War es sehr schwierig, nach Amerika zu kommen?», wollte sie anschließend von mir wissen. «Mir grauste es ja schon vor dem Papierkram für Sabine, wie kompliziert muss es da für dich gewesen sein!»

Wir unterhielten uns rege. Addison schien völlig eingeschüchtert – oder zu Tode gelangweilt – und warf nur hier und da mal ein «Ach!» oder «Wirklich!» oder «O ja!» ein, und schon nach 35 Minuten war unser Waldspaziergang beendet. Ich hätte Rita am liebsten sofort meine Telefonnummer aufgedrängt, aber sie verstaute Kind und Kinderwagen so entschlossen in ihrem Geländewagen, dass ich mich nicht traute. «Bis nächste Woche!», brüllte sie mir noch durchs Fenster zu, «dann musst du mir erzählen, was deutsche Jugendliche gerne essen!» – und schon war sie davongebraust. Ich verabschiedete mich noch von Addison, dann fuhr ich gleichermaßen glücklich und ein bisschen enttäuscht nach Hause und dachte während der Fahrt über meine Visumsprozedur nach.

So eine Mini-Auswanderung wie meine, noch dazu in der Luxusversion, das heißt mit einem Einheimischen als Ehemann, der außerdem eine respektable Festanstellung hat, ist eigentlich ganz einfach. Im Grunde muss man nur circa fünftausend Formulare ausfüllen, um ein Visum mit Greencard, das heißt Arbeitserlaubnis, zu bekommen. Für jedes Formular muss allerdings eine Bearbeitungsgebühr überwiesen werden, sodass ich inzwischen davon überzeugt bin, dass die amerikanische Wirtschaftskraft nicht auf Öl, Büffeln oder dem Fleiß deutschstämmiger Farmer beruht, sondern die Goldreserven in Ford Knox mit Hilfe der von Einwanderern überwiesenen Bearbeitungsgebühren aufgebaut wurden.

Die einzige größere Hürde, die ich zu überwinden hatte, war das finale «Visa-Interview». Denn dafür musste ich extra auf das amerikanische Generalkonsulat in Frankfurt am Main. Allein und mit einem knapp drei Monate alten Baby – Robert hatte ja drei Wochen nach Finns Geburt zu seinem Job zurückkehren müssen. Ich nahm den Zug nach Frankfurt und kam mir vor wie auf der Mutti-Version einer Interrailreise: Ich war bereits beim Einsteigen verschwitzt, würde an meinem Zielort keine 24 Stunden verbringen, trug hinten einen Rucksack, vorne Finn in seiner Trage, und seinen Kinderwagen zerrte ich zusammengeklappt hinter mir her. Freunde hatten uns für die paar Monate in Deutschland ihr robustes Feld-Wald-und-

Wiesen-Ungetüm geliehen, hervorragend geeignet für Parks und Berliner Kopfsteinpflaster, ein Fluch in ICEs und den Frankfurter Straßenbahnen – in dieser Stadt werden werdende Eltern, wie ich inzwischen weiß, von erfahrenen Kinderwagenverkäuferinnen gefragt, ob sie ein Auto besitzen oder ob es ein Modell sein soll, das durch die Türen der städtischen Straßenbahnwagen passt.

Die Zugfahrt verlief ereignislos. Ich saß im Kinderabteil mit einer weiteren Mutter und ihrer kleinen Tochter, Finn schrie oder trank, ich schaukelte oder stillte ihn und nutzte seine kurzen Nickerchen, um auf die Toilette zu gehen oder ein Sandwich zu verschlingen. Da mein Termin morgens um neun Uhr stattfinden sollte, musste ich in einem Hotel übernachten. Zum Glück gab es eines, das quasi gegenüber dem US-Konsulat lag. Auf der Fahrt vom Hauptbahnhof nach Frankfurt-Preungesheim machte ich Bekanntschaft mit besagten Straßenbahntüren und ca. einem Dutzend hilfsbereiter Passagiere, die mir beim Zerren und Zwängen halfen.

Was mir Gelegenheit gibt, an dieser Stelle einmal mit einem Mythos aufzuräumen: Deutschland sei nicht kinderfreundlich. Im Gegenteil: Ich habe dort noch nie so viele hilfsbereite, anteilnehmende oder auch einfach nur freundliche Menschen getroffen wie als übernächtigte Mutter mit nörgelndem Baby. Natürlich gibt es die, die an einem selbst und dem Kinderwagen vorbei in den Bus hasten oder sich auf den kinderwagenfreundlichsten Platz in der U-Bahn setzen – aber ehrlich gesagt: Bevor ich selbst Mutter wurde, habe ich das bestimmt auch ungefähr einhundert Mal gemacht. Nicht aus Bosheit, sondern aus Blindheit.

Nichteltern sehen die Welt einfach mit anderen Augen. Kinder nehmen sie in erster Linie über die Ohren wahr: Wenn Kinder schreien, hören sie es, sind Kinder aber still, sehen sie

sie einfach nicht. Die meisten Menschen filtern die Welt ihren eigenen Interessen und Bedürfnissen entsprechend, ich finde das ganz normal. Man setze einen Designer, einen Koch und eine Mutter in ein Straßencafé und interviewe sie nach zwei Stunden. Kämen dabei nicht ganz selbstverständlich zwei sehr verschiedene Beschreibungen und Bewertungen des Ortes heraus? (Die Mutter hätte man nach höchstens einer Stunde befragen müssen, danach wäre sie längst verschwunden, weil ihr schlafendes Baby in dem Moment aufwachte, als der Milchkaffee kam, und zehn Minuten später lautstark zu verstehen gab, dass es jetzt gefälligst weitergeschoben werden möchte.)

Seit ich selbst ein Kind habe, weiß ich zum Beispiel genau, welche Gehwege meines Viertels an welchen Stellen abgesenkte, kinderwagenfreundliche Bordsteine zum Überqueren der Straße haben oder in welchen Cafétoiletten ein Wickeltisch vorhanden ist. Solche Dinge sind jetzt wichtig, nicht mehr, wo es die nettesten Boutiquen oder den besten Käsekuchen gibt. Und anstatt die Frisuren anderer Mütter zu begutachten, vergleiche ich das Benehmen ihrer Sprösslinge mit Finns Betragen in der Öffentlichkeit. – Nein, wenn ich es mir recht überlege, vergleiche ich immer noch Frisuren. Aber jetzt denke ich dabei nicht mehr einfach nur «Schick!» oder «Interessante Idee», sondern «Wie schafft die es trotz Kind, so auszusehen?», oder «Meine Güte, hoffentlich wirke ich nicht auch so durch den Wind».

Doch zurück nach Frankfurt. Als ich ins Hotel kam, schlief Finn seelenruhig in seinem Kinderwagen. Ich wurde übermütig, stellte den Wagen neben dem bereits aufgeklappten Babybett in der Zimmerecke ab und bestellte mir beim Zimmerservice Tomatensuppe und Quiche. Natürlich wachte Finn in dem Moment auf, als mein Essen geliefert wurde. Ich stillte, wickelte und schaukelte ihn und löffelte später kalte Suppe zu labberiger Quiche.

Am nächsten Morgen machte ich mich in stockdunkler Herrgottsfrühe auf den Weg zum Konsulat. Robert hatte vorgeschlagen, Finn kurz vor Betreten des Gebäudes in den Popo zu zwicken, sein ohrenbetäubendes Geschrei würde vielleicht für eine Beschleunigung der laut Merkblatt auf ca. vier Stunden zu veranschlagenden Prozedur sorgen. Finn schrie aber auch ohne Popozwicken von dem Moment an, als ich den riesigen Warteraum betrat, der wie eine Flughafenhalle aussah, mit Schalterreihen an drei Wänden und einer großen Tafel, auf der statt Flug- die Wartenummern angezeigt wurden und die Nummer des Schalters, an den man zu treten hatte.

Auf den Stuhlreihen saßen bereits etwa dreißig Menschen, die mich und mein brüllendes Baby überhaupt nicht beachteten, sondern auf ihrem Schoß noch ein letztes Formular ausfüllten oder abwechselnd auf die Wartenummer in ihrer Hand und auf die Anzeigentafel starrten. Ich hatte den Kinderwagen am Eingang abgeben müssen und Finn in seinen Tragesitz geschnallt, in dem Babys angeblich sofort friedlich einschlafen, weil sie sich so dicht am Busen ihrer Mutter befinden. Nun, meinem Sohn war mein Busen völlig egal. Er wollte herumgehen, oder besser: herumgegangen werden. Sobald ich stehen blieb oder mich gar setzte, gab es Protest.

Doch schon nach kurzer Zeit wurde ich an den ersten Schalter gerufen. Ich war, bei allem Ärger über die aufwendige Reise, freudig gespannt auf mein finales Visa-Interview. Ich dachte an die romantische Komödie *Greencard*, in der der Franzose Gerard Depardieu eine Scheinehe mit der Amerikanerin Andie MacDowell eingeht, und fragte mich, durch welche Fangfragen wohl meine Liebe zu Robert überprüft werden würde und ob von mir erwartet wurde, alle 50 US-Staaten zu kennen, oder ob ich mit einem uniformierten Army-Offizier einen Smalltalk zu amerikanischen Werten und meiner Haltung zum Irakkrieg führen würde. Doch am ersten Schalter ergab die Durchsicht meiner Papiere lediglich, dass ich ein neues Passfoto benötigte, da auf meinen Bildern das obere Zehntel meines rechten Ohres von Haaren bedeckt wurde. Dahinten gebe es einen Fotoautomaten, schrie die freundliche Dame mich über den Kopf meines weniger freundlich schreienden Babys an.

Großartig. Mein Sohn liebt Fotokabinen, seit er als vier Wochen alter Säugling auf der amerikanischen Botschaft in Berlin von mir vor die Kamera so einer Kabine gehalten werden musste, weil auch Babys ein Bild für ihren amerikanischen Pass benötigen (für ihren deutschen übrigens auch, Finn besitzt beide). Mit dem Ergebnis, dass er jetzt bis zu seinem fünften Geburtstag (so lange ist der Ausweis gültig) mit einem Passfoto herumlaufen darf, auf dem er wie ein bis zur Unkenntlichkeit verzerrter glatzköpfiger Kugelfisch aussieht, unter den Achseln von meinen zwei verkrampften Zeigefingern gestützt, die Stirn in unglückliche Falten gelegt, die Augen wegen des Blitzlichts zusammengekniffen, die Lippen in Vorbereitung auf den nächsten Schrei zur empörten Schlangenlinie verformt. Keine Ahnung, wozu ein Passbild gut sein soll, auf dem nicht einmal die eigenen Eltern ihr Kind wiedererkennen.

Aber diesmal musste ja wenigstens nur ich und nicht er vor die Kamera. Ich schnallte Finn ab, setzte mich auf den Drehstuhl in der Kabine und versuchte verzweifelt, sämtliche Haarsträhnen hinter mein Ohr zu klemmen und gleichzeitig das brüllende Bündel auf meinem Schoß ruhig und unterhalb der unteren Bildkante zu halten. Dass ich trotz des in dieser Kabine entstandenen Fotos ins Land gelassen wurde, kann wirklich als Beweis der amerikanischen Antidiskriminierungsgrundsätze gelten.

Ich gab mein neues Foto ab, erhielt ein weiteres Formular zum Ausfüllen und wartete. Das Konsulat machte der amerikanischen Effizienz alle Ehre, schon wieder konnte ich nach nur kurzer Zeit an den nächsten Schalter treten. Ja, sehr schön, nun sei ja alles komplett und fertig für das Interview. Bitte setzen. Was ich vorsichtig tat, Finn war inzwischen vor Erschöpfung eingeschlafen. Ich bereitete mich innerlich auf das Interview vor. «Die Lieblingseissorte meines Mannes ist Schokolade.» – «Ja, Sir, der 13. Zusatz zur Verfassung ist eine wirklich glorreiche Errungenschaft.» – «Nun, Sir, ich bin davon überzeugt, Sie hatten gute Gründe für den Einmarsch.»

Ein helles «Ding!», begleitet von meiner Wartenummer auf der Anzeigentafel, riss mich aus meinen Täumen. Enttäuscht stellte ich fest, dass ich wieder nur einfach an einen Schalter gebeten wurde. Ein großer blonder Mann – in Zivil – erklärte mir, dass ich in ein paar Wochen einen Umschlag erhalten würde, den ich auf GAR KEINEN FALL öffnen dürfe, sondern in versiegeltem Zustand dem Einwanderungsbeamten am Flughafen zu übergeben hätte. Mein Pass enthielte jetzt ein vorläufiges Visum, das bis zum Erhalt meiner Greencard gültig sei und mich auch zur sofortigen Arbeitsaufnahme berechtige. Ich dürfe also SOFORT anfangen zu arbeiten, betonte der Mann noch einmal, als erwarte er von neuen Mitbürgern gefälligst aktive Mitarbeit am Bruttosozialprodukt.

Auch meine Sozialversicherungsnummer (eine neunstellige Zahl, die in den USA Zweibeiner erst zu Menschen macht und die man angehalten wird, am besten noch sorgfältiger zu hüten und an noch geheimerer Stelle aufzubewahren als eine Bank-PIN) würde ich einige Wochen nach meiner Einreise erhalten. Sollte sie nach zwei Monaten noch nicht eingetroffen sein, müsse ich mich an folgende Behörde wenden. Da ich zum Zeitpunkt meiner Visaerteilung noch keine zwei Jahre mit einem Amerikaner verheiratet gewesen sei, sei mein Visum auf zwei Jahre befristet. 90 Tage vor Ablauf der Frist sollte ich meinen Ehestatus erneut vorweisen, um dann ein unbegrenztes Visum zu erhalten. Sollte ich diese Frist versäumen, drohe mir ein Verlust des Visums und *deportation*. Während ich schluckte, schob er mir meinen Pass und ein paar Papiere unter der Glasscheibe durch und wünschte mir freundlich einen schönen Tag.

Das war es. Mein Interview. Ich gebe zu, ich war ein bisschen enttäuscht.

Wenigstens hatte die Prozedur nur knapp zwei Stunden gedauert. Ich kehrte kurz zum Hotel zurück, beschloss, einen früheren Zug zu nehmen, und verzichtete darauf, Finn noch schnell zu stillen. Er schrie folglich die Straßenbahn in Grund und Boden, ich saß mit halbentblößtem Busen, allerdings abgeschirmt von zwei besorgten Türkinnen mit Kopftuch, im vollbesetzten Wagen und schaffte es in letzter Minute in den ICE nach Berlin.

Zwei Monate später war Weihnachten, Robert kam zurück nach Deutschland, und nach wenigen Wochen bestieg ich mit Mann und Kind das Flugzeug, das mich für drei Jahre nach Amerika bringen würde.

Als wir auf dem Flughafen von Newark gelandet waren, durfte ich mich bei der Passkontrolle zum ersten Mal in die kürzere Schlange für US-Bürger einreihen, was in mir sofort das Bedürfnis auslöste, die amerikanische Flagge zu hissen. Aber erst einmal hatte ich ja dem Beamten meinen versiegelten Umschlag auszuhändigen. Ich sah der Prozedur recht gelassen entgegen, was wahrscheinlich daran lag, dass ich bei all meinen Besuchen in den USA in den letzten Jahren nur gute Erfahrungen gemacht hatte – ich habe keine einzige Horrorgeschichte von demütigendem Warten, Körperkontrollen bis unter die Zehennägel und Verhören im Schein einer Neonleuchte anzubieten. Das Empörendste, was mir je passiert ist, war, im Herbst einmal die Schuhe vor einer Sicherheitsschleuse ausziehen zu müssen, wo sich auf dem Boden schon eine riesige Pfütze gebildet hatte. Bei der Einreise jedoch hatte ich es immer mit netten, gutgelaunten amerikanischen Grenzbeamten zu tun, die die Standardfragen (Was machen Sie beruflich? / Warum sind Sie hier? / Wo werden Sie wohnen?) gerne zu einem kleinen Pläuschchen ausdehnten. («Sie sind Autorin? Berühmt?» – «Nein, leider nicht.» – «Kann ja noch kommen, und dann kann ich sagen, ich kenne eine berühmte Autorin.»)

Als ich diesmal an der Reihe war, wurde ich allerdings von Mann und Kind getrennt und von einem uniformierten Beamten mit meinem wertvollen großen gelben Umschlag in einen Extraraum geleitet. Wir fuhren mit dem Aufzug in die Tiefe, und da wurde mir dann doch etwas mulmig. Aber heraus kam ich in einem kleinen verglasten Wartesaal, durch dessen Scheiben ich die Gepäckbänder und bald darauf auch Mann und Kind sehen konnte. Als Robert unsere Koffer vom Band hievte, hatte ein weiterer Beamter bereits die Unterlagen aus meinem Umschlag überprüft, mir meinen Pass zurückgegeben, und ich durfte als *resident alien* durch eine letzte Sicherheitsschleuse in den Gepäcksaal treten. Ich war jetzt also eine «einheimische Ausländerin». Allerdings bekam ich weder einen Tusch, einen Trommelwirbel noch eine Taschenbuchausgabe der amerikanischen Verfassung mit weißblauroter Schleife darum. Schade eigentlich.

Dabei gibt es tatsächlich eine 114-seitige Broschüre *Welcome to the United States* – Untertitel: «Eine Einführung für neue Einwanderer». Darin steht zum Beispiel, was bei einem Hauskauf zu beachten ist und wo man nach einem Job sucht. Die Broschüre muss man aber telefonisch bestellen oder sich aus dem Internet herunterladen. Erhältlich ist sie in 13 Sprachen, neben

Spanisch und Französisch unter anderem in Arabisch, Kreolisch, Polnisch, Tagalog und Urdu. Tagalog und Urdu?

Gut, es gibt in den USA mehr Einwanderer aus Polen, Pakistan (Urdu) und von den Philippinen (Tagalog) als aus Deutschland. Trotzdem – ich war beleidigt. Tagalog und Urdu, aber kein Deutsch. Bis mich amerikanische Freunde trösteten: Jeder Amerikaner wisse doch, dass viele Deutsche besser Englisch sprächen als so mancher Amerikaner. Wir seien kosmopolitische Fremdsprachenwunder, fast wie die Skandinavier. Da fühlte ich mich geschmeichelt. Und erwähnte nicht, dass ich Tagalog und Urdu erst hatte nachschlagen müssen.

In der Einwanderungsbroschüre wurde ich zuallererst «im Namen des Präsidenten der Vereinigten Staaten und des amerikanischen Volkes» willkommen geheißen, beide wünschten mir «allen erdenklichen Erfolg» in ihrem Land. Ein vergleichbares Buch gibt es für Migranten in Deutschland nicht. Auf ihrer Website lädt die Migrationsbeauftragte der Bundesregierung zwar alle Ausländer, die schon länger in Deutschland leben, ein, doch die deutsche Staatsangehörigkeit anzunehmen. Dann aber wird in einer kurzen Aufzählung einiger Vorteile sofort darauf hingewiesen, dass dazu auch die Freizügigkeit in Europa gehöre und die Möglichkeit, «in viele Länder visafrei reisen» zu können. Das mag ja eine realistische Einschätzung sein, aber sollte nicht wenigstens Deutschland selbst so tun, als gäbe es noch andere gute Gründe, Deutscher werden zu wollen?

In meinem amerikanischen Büchlein hieß es dagegen gleich zu Beginn, es sei mein Recht und meine Pflicht, die Zukunft dieses Landes zu formen und seinen Erfolg zu garantieren, deshalb solle ich mir doch «ein bisschen Zeit nehmen, das Land, seine Geschichte und seine Bewohner kennenzulernen». Und schließlich: «Aufregende Möglichkeiten erwarten Sie, da Sie

Ihr Leben als Einwohner dieses großartigen Landes beginnen. Willkommen in den Vereinigten Staaten!»

Je länger ich in der Einleitung las, desto häufiger fragte ich mich, ob dieses Buch wohl dieselben Texter verfasst hatten, die für die Prophezeiungen in chinesischen Glückskeksen zuständig sind. Zum Schluss überkam mich wieder das Bedürfnis, mich zu erheben, die Nationalhymne zu singen oder wenigstens vor dem Haus die amerikanische Flagge zu hissen. Hatte ich jetzt doch endlich ein Land, das ich offen bewundern durfte! Denn lobe ich als halbe Deutsche Deutschland, habe ich immer das Bedürfnis, darauf hinzuweisen, dass mir durchaus bewusst sei, dass der 9. November nicht nur das freudige Ereignis des Mauerfalls markiert, sondern auch das Datum der Reichspogromnacht ist. Lobe ich wiederum als halbe Türkin die Türkei, fühle ich mich verpflichtet, mich sofort für Islamisten und die Unterdrückung der Meinungsfreiheit zu entschuldigen.

Und jetzt lebte ich in einem Land, in dem ich es mit Müttern zu tun hatte, die unser Internetforum ganz selbstverständlich zur Klärung patriotischer Fragen nutzten: «Unsere US-Flagge vor dem Haus ist inzwischen so unansehnlich, dass ich sie gerne durch eine neue ersetzen würde», hatte eine Nancy zum Thema Frühjahrsputz geschrieben. «Ich weiß, dass man sie nicht in den Müll schmeißen soll. Kennt jemand die korrekte Prozedur? Für die Kinder könnte das ja auch eine schöne Lektion in Zivilkunde werden!» Die Antwort folgte umgehend und lautete: Am besten verbrennen und die Asche begraben. Alternativ nehmen Pfadfinder- und Veteranenverbände alte Flaggen in Empfang.

Ich stellte mir die Reaktionen auf so eine Frage in einem deutschen Mütterforum vor: «Alte Flaggen gehören natürlich nicht in den Altglascontainer, dürfen entsprechend Gemeindeverordnung Paragraph 23 Punkt 4.3.6. aber auch nicht zum Altpapier oder in die Gelbe Tonne, da es sich nicht um Verpackungsmaterial mit dem grünen Punkt handelt. Näh deinen Kleinen daraus doch einfach niedliche Trikots für den Teddy! Das geht ganz fix!» Oder: «Warum meldest du deine Kinder nicht gleich bei der Hitlerjugend an?» Oder: «Was ist eigentlich die deutsche Flagge?»

Natürlich geht mir der amerikanische Patriotismus vor allem in seiner allgegenwärtigen Form von Autoaufklebern gelegentlich gehörig auf die Nerven – aber im Großen und Ganzen, muss ich sagen, lebt es sich viel entspannter in einem Land, dessen Bewohner ein unverkrampftes Verhältnis zu ihrer Nationalität haben.

Die Folge, in der ich leider keine fernsehreife Familienfeier erlebe

Im Sommer war es Zeit für Finns ersten amerikanischen *road trip*: einen Besuch bei den Schwiegereltern im fernen Minnesota, die darauf brannten, endlich ihren neuesten Enkel kennenzulernen.

Rund 20 Stunden Autofahrt lagen vor uns. Der orangefarbene Bezug seiner Babyschale war frisch gewaschen, vom Bügel hing eine Kette mit nagelneuen Ringen, Rasseln und Tierchen, seine Wickeltasche enthielt ungefähr 100 Windeln, 1000 Feuchttücher und doppelt so viele Schnuller, und in eine Extratasche hatte ich genug Gläschen, Fläschchen, Kekse und Cracker gepackt, um ihn notfalls auch während einer Atlantiküberquerung versorgen zu können. Als wichtigste Reiseutensilien sollten sich allerdings ein Strohhalm von McDonald's und eine Folk-CD entpuppen.

Robert hatte – gegen meinen Willen – eine Tasche Chips, Nüsse, Müsliriegel, Schokolade, Äpfel und Getränke gepackt. Ich protestierte, zu einem echten *road trip* gehörten schließlich Stopps bei Burger King, Starbucks & Co., sonst könnten wir ja gleich auf der Schwäbischen Alb wandern gehen. Robert beruhigte mich: Das seien doch alles nur Snacks fürs Auto, selbstverständlich hätte er längst per Internet die besten Geheimtipps für lokale Diner auf unserer Strecke recherchiert.

Finn entpuppte sich als echter Amerikaner, was das Reisen angeht – die meiste Zeit hatte er gegen einen Aufenthalt im Auto nichts einzuwenden. Entweder er schlief, oder er nuckelte friedlich vor sich hin, oder er attackierte den baumelnden

Stoffelefanten vor seiner Nase mit einem Reiscracker. Ich hatte vor, ihm während dieses Urlaubs zum ersten Mal Folgemilch zu geben, um Schwiegermama nicht einen Beutel Brustmilch in die Hand drücken zu müssen, sollten Robert und ich einmal etwas zu zweit unternehmen wollen – und das wollten wir unbedingt.

Die Zurückhaltung in Sachen Muttermilch lag übrigens an mir, Roberts Eltern sind schon aus religiösen Gründen große Freunde des Stillens. In ihrer Kirche würden junge Mütter regelmäßig ermuntert, auch mit ihren Neugeborenen den Gottesdienst zu besuchen, das Stillen störe niemanden, erzählten sie mir und versicherten mir mehrmals, ich könne meinem Kind ruhig in ihrer Anwesenheit die Brust geben, diese wunderbare Vorrichtung Gottes bedürfe keines Versteckens. Mein Kind allerdings nahm diese wunderbare Vorrichtung als selbstverständlich hin. Sobald Finn das Gefühl hatte, er verpasse was, pflegte er das Saugen zu unterbrechen und sich nach dem vermeintlichen Unterhaltungsprogramm hinter ihm zu recken. Weshalb ich mich überall nach Möglichkeit in die langweiligste, einsamste Ecke verzog.

Der Folgemilch-Eingewöhnungsplan sah vor, dass Robert seinem Sohn die Milch eines ruhigen Abends in seiner gewohnten Nuckelflasche geben würde, während ich zur Not abrufbereit in der Nähe war. Wer wusste schon, was Finn davon hielt, dass man ihm plötzlich Milch andrehen wollte, die von irgend so einer dahergelaufenen Kuh stammte? (Jedenfalls hoffte ich, dass sich irgendwo zwischen den Vitaminen, Mineralstoffen, den ABC-Anreicherungen zur Kräftigung der Immunabwehr und XYZ-Zusätzen zur Verbesserung der Verdauung auch stinknormales Milchpulver verbarg.)

Doch dann standen wir im Stau, und Finn schrie. Gerade als ich auf den Rücksitz klettern wollte, um ihn zu stillen, setzte sich die Autoschlange in Bewegung. Und hielt. Und bewegte sich. Mit der Aussicht darauf, womöglich gleich wieder mit 100 Stundenkilometern weiterzufahren, hielt Robert nicht besonders viel von meiner Aktion. Und er hatte ja recht. Also öffnete ich nervös eines der Milchgläschen, füllte den Inhalt in Finns Flasche und stopfte ihm den Sauger in den Mund. Finn war augenblicklich still. Und trank. Und trank und trank. Die Flasche war in weniger als einer Minute leer.

Ich war beleidigt. Die Milch irgendeiner wildfremden Kuh schmeckte meinem Sohn offenbar besser als die Milch seiner eigenen Mutter. «Wahrscheinlich tun deine Leute da noch Traubenzucker oder so was rein», murrte ich und studierte das Etikett. «Deine Leute» war meine, Robert schon hinreichend geläufige, Kurzform für «diese Amerikaner» im Sinne von «Die spinnen, die Amis». Allerdings konnte ich auf den ersten Blick in der Zutatenliste nichts Verwerfliches entdecken. Also änderte ich meine Einstellung: «Jetzt sieh dir mal unseren Wonneproppen an!», rief ich strahlend. «Da hält man ihm was ganz Neues vor die Nase, und er säuft es anstandslos weg! Haben wir ein Glück!» Robert nickte stolz: «So ist er, mein Sohn.»

Und tatsächlich war unser Sohn inzwischen zu einem recht pflegeleichten Baby herangewachsen. Mit neun Monaten machte sich doch eine gewisse Lebenserfahrung bemerkbar. Die Regel, dass «ab dem sechsten Monat alles besser» wird, stimmt zwar in begrenztem Maße auch, aber meiner Erfahrung nach sind neun Monate das magische Alter. Was eng mit der Tatsache zusammenhängt, dass Finn jetzt durchschlief.

Das magische Alter ist immer das, in dem der Nachwuchs beginnt, die Nächte durchzuschlafen. Niemand, der nicht aus welchen Gründen auch immer monatelang mehrmals pro Nacht aufwachen musste, kann ermessen, wie sehr so eine Nacht voller Unterbrechungen Körper und Geist auslaugt. In dieser Hinsicht scheint der Mensch den altmodischen Lithium-Akkus recht ähnlich zu sein, die man regelmäßig vollständig aufladen sollte und nicht nur immer mal wieder ein bisschen, weil Letzteres die Lebensdauer der Batterie verkürze. Auf mich traf das eindeutig zu. Wir nehmen den Schlaf als naturgegebene Selbstverständlichkeit hin – bis eine Krankheit, große Sorgen oder eben so ein winziges Wesen ihn mit seiner ganz eigenen naturgegebenen Selbstverständlichkeit unterbricht.

Aber Finn schlief jetzt durch – und zwar rund zwölf Stunden ab 18 Uhr. Was war das für ein Lebensgefühl! Wir hatten friedliche Abende ganz für uns, und die Tatsache, dass wir bereits um sechs Uhr aus den Federn geholt wurden, war ein lächerlicher Preis, den wir dafür zu zahlen hatten – erstens machen das Millionen Menschen auch ohne Baby, und zweitens hätte ich ja durchaus auf meine geliebten neun Stunden Schlaf pro Nacht kommen können – ich musste eben nur um neun ins Bett.

Außerdem konnte man sich mit Finn jetzt unterhalten. Gut, er antwortete nur mit «dada», und er begrüßte auch Holzklötzchen, Töpfe, seinen Haferbrei und die Dackel im Park mit «dada» – aber das war doch ein Anfang, ich erwartete von ihm ja gar kein Erstlingswerk wie Thomas Manns *Buddenbrooks*. Und er winkte! Ich erinnere mich noch genau an das erste Mal: Finn saß mit seinem Vater am Frühstückstisch, während ich gerade aus der Dusche kam und ihm von der Schlafzimmertür aus ein «Hallo, Dicker, schmeckt's?» zuwinkte. Mein Sohn winkte begeistert grinsend zurück, er wollte überhaupt nicht mehr aufhören zu winken, fing an zu giggeln, und ich schwöre: In diesem Moment hätten mir George Clooney, Hugh Grant und Robbie Williams gleichzeitig Kusshände vom roten Teppich aus zuwerfen können, ich hätte sie links liegengelassen.

Andere Mütter mag das empören und schockieren – aber ich

sage es ganz offen: Erst als ich mit meinem Sohn wenn auch auf nur simpelste Weise kommunizieren, erst als ich seine Reaktionen als Reaktionen identifizieren konnte, bemerkte ich jenes untrennbare Band zwischen uns, von dem seit Jahrhunderten so romantisch geraunt wird. Ich habe meinen Sohn vom ersten Augenblick an geliebt, aber diese Liebe war etwas Instinktives, Unspektakuläres, ja fast Pflichtbewusstes. Auch wenn ich zum Glück nicht zu jenen Müttern gehörte, die keine Bindung zu ihrem Neugeborenen aufbauen können, so erscheint mir dieses Phänomen nie «ganz unglaublich» oder «entsetzlich». Nein, ich kann mir das durchaus vorstellen und würde niemals über so eine Mutter zu urteilen wagen. Schließlich hat es auch bei mir eine Weile gedauert, bis mich regelmäßig dieses große Gefühl unbedingter Liebe überwältigte, ich manchmal vor selbstloser Zuneigung, albernem Besitzerstolz und rückhaltloser Bewunderung für dieses kleine Menschlein zu platzen meinte und mir manchmal diese völlig irrationale Angst, meinen Sohn nicht vor jedem Übel auf der Welt beschützen zu können, die Kehle zuschnürte. Und diese Gefühle, habe ich manchmal den Eindruck, werden von Woche zu Woche stärker, während Finn sich von Woche zu Woche entschiedener aus meinen Abknutschattacken winden kann. Manchmal ist die Natur ganz schön gemein.

Als glückliche Kleinfamilie saßen wir also in unserem Auto und fuhren gen Westen. Oder vielmehr: Nordwesten. Vor uns lagen etwa 2000 Kilometer, mehr als die Strecke Berlin–Istanbul. In Europa hätten wir dafür ungefähr sieben Länder durchquert, hier besuchte mein amerikanischer Sohn nur seine amerikanische Oma. Die Dimensionen dieses Landes sollte man sich mal vor Augen halten, bevor man Witze reißt über die geographische Ahnungslosigkeit amerikanischer Studenten.

Wie viele Deutsche könnten wohl sieben US-Staaten auf einer Karte richtig einzeichnen?

Natürlich würden wir die Strecke nicht in einer Etappe herunterfahren, Finn hatte also auch seine erste Übernachtung in einem echt amerikanischen Motel vor sich. Den ersten Stopp aber machten wir tatsächlich bei McDonald's. Wir fuhren durch den *drive-through*, nahmen unsere Tüten mit dem Mittagessen in Empfang und fuhren in den nächsten Ort auf der Suche nach einem Park. Als wir eine Wiese neben einem Sportplatz entdeckt hatten, wurde Finn auf den Rasen gesetzt, bekam einen Klaps auf den Hintern und sollte sich gefälligst ein bisschen «die Beine vertreten» – sofern man das bei einem Vierfüßler sagen kann. Unser Sohn setzte sich allerdings einfach nur auf sein Hinterteil und starrte in die Landschaft.

Hunde und Babys sind sich, wie jedes Elternpaar schnell festgestellt haben wird, recht ähnlich. Wenn wir uns mit unseren Freunden Alice und Kelsey trafen, die kurz nach Finns Geburt eine Riesenpudelschnauzermischlingsdame aus dem Tierheim holten, dann ähnelten sich unsere Gespräche wirklich erstaunlich. «Finn kann neuerdings den Löffel halten!» – «Gabby ist jetzt stubenrein!» – «Finn klatscht in die Hände, wenn wir sagen: ‹Wollen wir zum Spielplatz?›» – «Gabby holt ihre Leine, wenn wir ‹Gassi gehen› rufen!» Und wenn Alice mit Finn sprach, geschah das mit genau der gleichen aufgedrehten, hochstimmigen und wiederholungsreichen Satzmelodie, die ich für Gabby verwendete.

Also breiteten wir im Park in einiger Entfernung von Finn unsere Decke aus, setzten uns hin, stellten sein Gläschen bereit und machten uns mit begeisterten «Mjamjams» an unsere Cheeseburger. Sofort kam Finn angekrabbelt. Natürlich bekam er keinen Cheeseburger, sondern aß brav seinen Bio-Süßkartoffelbrei mit Hühnchen. Dann setzte er das Starren fort. Bis ich einen Schluck von meiner Cola nahm – und Finn seiner ersten großen Liebe begegnete: einem Strohhalm. Fasziniert schob er ihn aus der Deckelöffnung heraus und wieder zurück. Und heraus und wieder zurück. Heraus und wieder zurück. Also nahm Robert seinen leeren Becher und stellte ihn drei Meter entfernt auf der Wiese ab. Ich nahm Finn meine Cola wieder weg und zeigte auf «Papas Becher». Sofort krabbelte unser Sohn los. Als er ihn beinahe erreicht hatte, stellte Robert den Becher einige Meter weiter weg. Finn krabbelte, Robert verrückte den Becher. Und so weiter.

Natürlich ließen wir Finn ab und zu mit dem Strohhalm spielen, wir wollten ja kein frustriertes Kind heranziehen, auch Hunde bekommen schließlich regelmäßig Motivationsleckerli. Nach einer halben Stunde hatte Finn vermutlich ein halbes virtuelles Baseballfeld umrundet, bekam frische Windeln und ließ sich klaglos wieder in seine gemütliche Autoschale setzen. Das Picknick-Prinzip (mit jeweils unterschiedlichen Fastfood-Optionen, ich kann zum Beispiel das Roastbeef-Sandwich bei Arby's sehr empfehlen) haben wir bei schönem Wetter auf langen Autofahrten bis heute beibehalten. Denn so kinderfreundlich Amerika auch ist – ausgerechnet an den Lebensadern dieses Landes, den Autobahnraststätten, steht für die Kleinsten außer Hochstühlen und Wickeltischen nichts bereit. Und die Aussicht auf einen Kindersitz macht ein Kind nach zwei Stunden Autofahrt alles andere als glücklich.

Apropos Kinderfreundlichkeit: Es stimmt wirklich, dass Amerikaner sehr kinderfreundlich sind, aber ich kann wieder nur sagen, dass mir in den wenigen Monaten mit Baby in Deutschland auch keinerlei Feindseligkeit begegnet ist und ich mich immer noch mit Staunen an die hippe Nudelbar in Berlin-Mitte, im Szeneviertel Hackescher Markt erinnere. Dort war ich mit einer Freundin und einem wenige Wochen alten

Finn zum Mittagessen. Der Laden besaß dieses coole Designerambiente, bei dem im Flughafenstil alles möglichst funktional, platzsparend und mit wenigen, aber kräftigen Corporate-Identity-Farben eingerichtet ist. Finn war so nett, das Essen durchzuschlafen. Aber wir waren kaum fertig, als er erwachte und sofort seine Windel füllte. Und zwar richtig. Es roch schlimmer als diese Fischsoße aus dem Asialaden (dass volle Windeln von Neugeborenen nicht stinken, ist nämlich auch so ein Gerücht, das von Populationsexperten zum Zwecke der Steigerung der Geburtenrate in die Welt gesetzt wurde). Und die Toiletten waren nicht nur im Keller und lediglich über eine enge Treppe und einen schmalen Gang zu erreichen (ich sage nur: Gangway!), sondern natürlich auch nicht mit einem Wickeltisch ausgestattet.

Aber was schlug der Kellner vor, als er mein Problem bemerkte bzw. roch: «Gehen Sie doch in den Loungebereich da drüben, da sitzt jetzt niemand.» Der Loungebereich bestand aus einer niedrigen Couch, die sich eine geschwungene Wand entlangwand, ein paar Clubsesseln und kleinen Cocktailtischchen, war also ungefähr so passend für eine Stinkewindel wie die Erste-Klasse-Lounge eines Flughafens. Und hier ließ man mich unbekümmert das bis dahin größte Windeldesaster meines Sohnes beheben, das eine komplett neue Garderobe erforderte! Mehr noch: Als sich nach ein paar Minuten offenbar der Geschäftsführer mit einem Partner in unsere Nähe setzte, um ein paar Unterlagen durchzugehen, fragte er doch tatsächlich, ob man helfen könne. «O nein, vielen Dank, ich fürchte, da muss ich allein durch!», winkte ich schnell ab und trat, während ich Finns verschmierten Strampler in eine Plastiktüte stopfte (Plastiktüten gehören zum unverzichtbaren Inventar jeder anständigen Wickeltasche), schnell einen halben Schritt zur Seite, damit die beiden Männer deutlich sehen konnten, dass ich ihr Mobiliar nicht nur mit der Wickelunterlage, sondern aufopferungsvoll auch mit meinem eigenen Mantel schützte.

Auf die Kinderfreundlichkeit der Deutschen lasse ich also nichts kommen. Aber vielleicht war der Geschäftsführer ja auch gar kein Deutscher, sondern Türke zum Beispiel. Die sollen in Berlin ja neuerdings die coolsten Läden eröffnen.

Aber zurück zur ausgesprochenen Kinderfreundlichkeit der Amerikaner. Zum einen haben die meisten selbst Kinder, und zwar schon ziemlich lange. Und zum anderen sind in der Mehrheit beide berufstätig, haben also besonders viel Verständnis für den Stress des Kinderhabens. Ungefähr zwei Drittel der Mütter mit Kindern unter drei Jahren gehen arbeiten – in Deutschland ist es ungefähr ein Drittel. Kinder sind einfach ein ganz selbstverständlicher Teil des Alltags. Was auch am Familiensinn der Amerikaner liegt. Da sind sie nämlich sehr südländisch. Die Verwandtschaft ist meist groß, und sie ist wichtig.

Andererseits muss man sagen: Die Kinderfreundlichkeit in Sachen Infrastruktur haben wir Eltern hier schlicht und einfach den vielen Gesetzen zur Gleichbehandlung von Rollstuhlfahrern und dem Platzangebot zu verdanken. Deshalb lassen sich Kinderwagen über bequeme breite Rampen in so viele Gebäude schieben, gibt es in allen Toiletten mindestens eine Kabine, die den Wagen mit aufnehmen kann, und befindet sich auch zwischen den Regalen der meisten Kaufhäuser und Supermärkte genug Platz für das sperrige Gefährt.

Umgekehrt haben außerhalb der (Innen-)Städte viele Straßen noch nicht einmal Gehwege – hier geht man nicht spazieren, sondern man fährt sein Kind. Und zwar in die nächste Shoppingmall mit Spielecke (bei schlechtem Wetter), auf den Spielplatz (bei gutem Wetter), oder (bei jedem Wetter) zu Little

Gym, My Gym, Gymboree und wie die Turn- und Freizeitcenter sonst noch alle heißen, in denen dafür gesorgt wird, dass Baby die besten Voraussetzungen hat, um zum triathlonfähigen Einstein zu werden.

Wir aber fuhren erst einmal ins Motel. Motels sind eine großartige Einrichtung für Reisende mit Kind, weil sie so schön gesichts- und geschmacklos sind. Denn mit einem Einjährigen bedeuten ein kuscheliges Bed & Breakfast, ein plüschiges Boutiquehotel oder gar eine majestätische Luxusherberge voller Nippes, Kordeln und Kostbarkeiten nichts als Ärger, Ärger, Ärger. Ein Motel hingegen ist so eingerichtet, dass die Zimmer möglichst schnell gereinigt werden können und die Gäste möglichst wenig Arbeit machen. Mit anderen Worten: Motels sind kindersicher. Alles sieht überall gleich aus, das Nötigste ist leicht zu finden, nirgendwo steht Überflüssiges herum, immer gibt es eine Kaffee- und Teemaschine, oft sogar eine Mikrowelle. Und meist kann man mit seinem Auto und dem halben Haushalt, den man des Kindes wegen mit sich herumschleppt, direkt vor der Zimmertür parken. Motels sparen, was im Leben mit Kindern zum Kostbarsten gehört: Kraft und Zeit.

Aber man kann nicht alles haben: Für ein ordentliches Frühstück fährt man am besten ins nächste Diner, es sei denn, man ist mit Kaffee, dreiprozentigem Orangensaft, Gummi-Muffins und Fruchtjoghurt mit E407- bis E951-Geschmack zufrieden. Fairerweise sollte ich jedoch erwähnen, dass immer mehr Motels Cornflakes und müsliähnliche Getreidemischungen anbieten, während ich mit einem «ordentlichen Frühstück in einem Diner» Eier, Speck und Pancakes meine ...

Wobei es in manchen Motels auch Waffeln zum Selbermachen gibt. Dann stehen neben dem Eisen Plastikbecher mit der abgemessenen Teigmenge bereit und eine braune Ahornsirup-

Ersatzflüssigkeit in kleinen Plastikpäckchen. Überhaupt besteht alles nicht Essbare (und ich fürchte, manches Essbare) aus Plastik und wird nach dem Frühstück einfach in die bereitstehenden Riesenmülleimer geworfen. Dann kommt eine Angestellte und wischt einmal über den Tisch. Einerseits sehr kinder- beziehungsweise elternfreundlich. Andererseits natürlich umweltschädlich und schon deshalb ganz verwerflich, weil es doch um den Planeten geht, auf dem diese Kinder einmal aufwachsen sollen. Wenn ich allerdings den Umgang des durchschnittlichen Kleinkindes mit seinem Essgeschirr betrachte und an die Mengen Wasser und Seife denke, die man zum Auf- und Verwischen der Spuren benötigt, bin ich mir nicht so sicher, was dem Planeten besser gefällt.

Überhaupt lernt man mit einem Kleinkind den amerikanischen Pragmatismus im öffentlichen Leben durchaus schätzen. Das schnelle Abgefertigtwerden in Restaurants zum Beispiel ist mit ungeduldigen Babys Gold wert. Oder die sogenannten Geschenkquittungen, die man an vielen Kassen bekommen kann: ein zweiter Kassenzettel, der aussieht wie der erste, nur ohne die Preise, und den man dem Beschenkten mit überreichen kann. Sehr nützlich, wenn man von sadistischen Großeltern wieder einmal eines dieser Eltern-Foltergeschenke für den Enkel geschickt bekommen hat, als Sesamstraßenfigur getarnte Multimediacenter zum Beispiel, die blinken und leuchten und einen ohrenbetäubenden Lärm machen («Ja, Oma, das Wundergerät ist angekommen, und Finn fand es super – *schaaaade*, dass es *leider* nach drei Wochen schon kaputtgegangen ist!»).

Wir checkten am Abend also in ein Motel ein, schleppten unsere Koffer ins Zimmer, bauten Finns Reisebett auf, dann begann das Einschlafritual. Das war der nach wie vor wenig erfreuliche Teil von Finns Schlafgewohnheiten. Der Herr schlief nämlich nur, wenn man neben seinem Bettchen saß, «sch-sch» machte und ihm den Bauch streichelte. Zwanzig, manchmal 45 Minuten lang. Dabei durfte man ihm keinesfalls in die Augen schauen, sonst schaute Finn zurück und begriff den Kontakt als Aufforderung zum Flirten. Kannte ich schon, war wie bei den Männern in der Türkei. Und mein Sohn war ja schließlich Vierteltürke. Also saß ich da und starrte Mr. Turtle an, die Stoffschildkröte in der Ecke neben Finns Kopf. Und ich schwöre, Mr. Turtle hat mir in so mancher langen Nacht zugezwinkert.

Robert hatte es da besser. Er hatte nämlich von Anfang an aufs Streicheln verzichtet, saß oder lag gar einfach nur neben dem Bett auf dem Boden, machte «sch-sch» und las. So was konnte ich nicht, ich bin nämlich eine totale Niete, wenn es darum geht, mich auf mehr als eine Sache gleichzeitig konzentrieren zu müssen. Wenn Multitasking wirklich ein frauen- und müttertypisches Talent ist, dann habe ich eindeutig zu viele männliche Hormone abbekommen. Außerdem bin ich viel zu perfektionistisch (man könnte auch sagen: gehemmt. Oder: blöd), um mich nicht voll und ganz aufs Einschlafritual konzentrieren zu wollen.

Zu Hause hatte Robert es eine Zeitlang mit der Doktor-Ferber-Methode probieren wollen, nach der man das Zimmer verlässt und sein Kind einfach schreien lässt – und zwar erst fünf, dann zehn, bis maximal 20 Minuten, bevor man wieder reingeht, es kurz tröstet, und wieder rausgeht. Bis ich ihn bat, die Methode wieder aufzugeben, wobei ich ehrlich gesagt vermute, dass seine erstaunlich schnelle Bereitwilligkeit zurück zum «Sch-sch» auch ein bisschen mit eigenem Unbehagen und den Nachbarn zu tun hatte.

Ich mag den Verwöhnen-Sie-Ihr-Kind-nicht-Erziehungsstil einfach nicht besonders. Ich halte ihn keineswegs für verwerflich, anderen Müttern mag er helfen, aber was bringt mir diese militaristische Trainingslagermethode, wenn ich die Zeit, in der ich nicht am Bett meines Sohnes sitze, ohnehin nicht entspannt nutzen kann, sondern verzweifelt aufs Ende der Schreiorgie warte – und zwar selbst dann, wenn ich, wie in solchen Fällen empfohlen, außer Hörweite geflüchtet bin.

Also saß ich an diesem Abend neben dem Reisebett (wir hatten gelost) und machte «sch-sch», während Robert mit seinem iPod im Ohr bewegungslos auf dem Bett lag. Dieses für uns längst unverzichtbare Unterhaltungsgerät mag vielleicht von coolen Computercracks bei Apple erfunden worden sein, aber ich bin mir sicher, früher oder später wäre auch ein Elternteil darauf gekommen. Und das hätte außerdem dafür gesorgt, dass man die Bildschirmhelligkeit regulieren kann, in einem abgedunkelten Babyzimmer strahlt das Gerät nämlich wie ein Schweinwerfer. Nach 40 Minuten – so viel zum Mythos vom Ermüdungsfaktor aufregender Babytage – war Finn eingeschlafen. Und seine Eltern saßen weitere 15 Minuten mucksmäuschenstill im Dunkeln. Ja, für seine Brut macht man sich zum Affen, während sonst schon die Verzögerung, die eine Supermarktkassiererin durch das Wechseln der Kassenrolle verursacht, als immenser Eingriff in die Persönlichkeitsrechte begriffen wird.

Am nächsten Morgen saßen wir um acht beim Frühstück. Das ist ein Vorteil vom Reisen mit Kindern: Man hat was vom Tag, notgedrungen. (Nur einmal, als ich meine Eltern in Deutschland besuchte, litt Finn unter Jetlag und schlief bis zehn Uhr morgens. Leider litt auch ich unter Jetlag und schlief erst ab fünf Uhr morgens.) Auf diesem Trip bedeutete das frühe Aufstehen allerdings nur, dass wir früher wieder auf der Autobahn waren. Es folgte ein weiterer Tag des Kilometerfressens, unterbrochen nur von den üblichen Stopps auf Wiesen, in Restaurants und Coffeeshops. Am Nachmittag fing es an zu regnen, und so verlegten wir Finns Wiese auf den Teppich von Starbucks. Mein Eiskaffee hatte zum Glück auch einen Strohhalm, dem Finn juchzend von Coffeetable zu Coffeetable im zum Glück nur spärlich besetzten Café hinterherjagte.

Eine Stunde später kam zum ersten Mal die Zauber-CD zum Einsatz: *You Are My Little Bird* der amerikanischen Folksängerin Elizabeth Mitchell. Das Album hatten uns unsere Trauzeugen zu Finns Geburt mit dem Hinweis geschenkt, es handele sich um «Kindermusik, die Eltern nicht in den Wahnsinn treibt». Das stimmte tatsächlich. Gut, man muss eine gewisse Affinität zu Folksängerinnen besitzen und eine Toleranz gegenüber Liedzeilen wie «I've got peace like a river/ I've got love like an ocean/ I've got joy like a fountain in my soul», aber dann sind die Melodien wirklich sehr einnehmend. Vor allem Robert hatte sie Finn von Geburt an oft vorgespielt beziehungsweise beim Fläschchengeben im Hintergrund laufen lassen – und jetzt ernteten wir die Früchte dieser sehr weisen Saat.

Denn Finn war im Auto plötzlich unruhig geworden. Schließlich fing er an zu weinen. Und zu brüllen. Und nachdem wir Hunger und ein Windelproblem ausgeschlossen hatten, blieb uns nur die Vermutung: Er war genervt. Genervt vom langen Autofahren. Genervt davon, mutterseelenallein Stunden auf dem Rücksitz verbringen zu müssen. Was half, war mein Finger. Wenn ich meinen linken Arm nach hinten streckte und mit ihm Händchen hielt, war Finn, den wir hinter dem Fahrersitz platziert hatten, still. Die Lösung aber gefiel meiner Schulter gar nicht. Und ich hatte auch keinesfalls vor, ihm Gesellschaft zu leisten. Dafür hatte ich von zu vielen Müttern gehört, die zu Sklaven ihrer Babys geworden waren und auf jedem Familienausflug mit einer über einer halbstündigen Autofahrt hinten zu sitzen hatten. Das kam gar nicht in Frage!

Nach einer halben Stunde hätte ich vor Frust und Langeweile selbst angefangen zu brüllen.

Also schoben wir – mehr in einem Akt der Verzweiflung denn aus cleverer Geistesgegenwart – Elizabeth Mitchell in den CD-Player. Und Finn war nach den ersten fünf Takten still. Am Ende des vierten Liedes, *Little Bird, Little Bird*, war Finn eingeschlafen. Das würde noch fast ein Jahr lang funktionieren, bis Finn zu alt war, um sich von einer CD ablenken zu lassen. Manchmal lief die CD bis zum Ende, manchmal mussten wir das erste Viertel zum zweiten Mal hören, immer aber würde er sich früher oder später beruhigen und meistens einschlafen. Sollte ich jemals um eine Empfehlungsliste für werdende Mütter gebeten werden, stünde dieser Punkt weit oben: Sorgen Sie dafür, dass Ihr Baby von klein auf eine bestimmte CD mit Ruhe- und Schlafenszeiten verbindet – aber stellen Sie sicher, dass es ein Album ist, dass auch Sie noch nach hundertmaligem Hören nicht mit Psychofolter verbinden.

Schließlich waren wir da. Robert stammt aus einem winzigen Ort in Minnesota, dem Staat «der tausend Seen». Seine Verwandtschaft ist groß, und sie ist wichtig. Allerdings nicht so sehr für ihn, mein Mann ist da ein bisschen das schwarze Schaf. Mit einer Ausnahme hat er als Einziger im Ausland gelebt und wohnt weiter als 30 Kilometer von der Familie entfernt. Und jetzt muss ich ein bisschen ausholen. Erst seit ich sowohl New Jersey als auch Minnesota etwas besser kenne, habe ich nämlich begriffen, in welch elementarer Weise sich das Land im Charakter seiner Bewohner spiegelt.

New Jersey ist der am dichtesten besiedelte Staat der USA. Auf einem Quadratkilometer drängen sich 438 Bewohner – fast doppelt so viele wie in Deutschland. Die Landschaft wird von der berüchtigten New Jersey Turnpike bestimmt, der stets verstopften Nord-Süd-Autobahn, und das Klima spielt im Alltag seiner Bewohner eine weit geringere Rolle als die Klimaanlage.

Minnesota grenzt im Norden an Kanada. Und wegen eines kleinen Waldgebiets im Nordwestzipfel, das als einziges US-Territorium (außer Alaska) nördlich des 49. Breitengrades liegt, gilt Minnesota, abgesehen von Alaska, als der nördlichste Staat der USA. Die Sommer sind meist sehr heiß, die Winter immer furchtbar kalt, das Land ist vor allem platte Prärie. Sommer in Minnesota, das ist ein bisschen so wie *Unsere kleine Farm*, der Fernsehserie um die Farmerfamilie Ingalls. Die spielte nämlich in Walnut Grove, Minnesota, auch wenn sich die Minnesotans bis heute über die (dem kalifornischen Drehort geschuldeten) Bergwiesen amüsieren, die die Ingalls-Töchter gern so froh und heiter hinauf- und hinabhüpften.

Minnesota im Winter, das ist *Fargo*, die schwarze Thrillerkomödie der Gebrüder Coen, die praktisch gänzlich im schneeweißen Minnesota gedreht wurde. Es fließt viel Blut in *Fargo*, lebendig haben fast alle Figuren einen Knacks, und am Ende sind fast alle tot, und trotzdem: Wenn man diese beiden Zeugnisse der Popkultur des Mittleren Westens zusammennimmt und von den cineastischen Übertreibungen einmal absieht (in Roberts Familie jedenfalls wurde bisher noch niemand in den Holzschredder geschubst), bekommt man eigentlich ein recht gutes Bild vom Land und seinen Leuten.

Weil in ganz Minnesota, das nur ein Drittel kleiner ist als Deutschland, gerade einmal fünf Millionen Menschen leben, haben das Land und seine Leute ein sehr enges Verhältnis zueinander. Es werden Erbsen, Mais und Zuckerrüben angebaut und Puten und Truthähne gezüchtet. In seiner Freizeit verbringt der Minnesotan möglichst viel Zeit draußen, geht fischen, Kanu fahren oder Ski langlaufen. Und auch die Leute untereinander mögen sich in der Regel recht gut leiden, ist ja genug Platz für alle da, seine Eigenheiten kann man in der Abgeschiedenheit immer noch ungehindert pflegen.

Plaudertaschen sind die Minnesotans nicht, aber wenn sie einmal zusammenkommen, tun sie das mit Inbrunst, weswegen in Minnesota viel Wert auf Gemeinsinn gelegt wird. Mitmenschen müssen in diesem Staat nicht mit dem Ellbogen auf Armeslänge gehalten werden, der Minnesotan an sich pflegt einem anderen menschlichen Wesen in der Regel erst einmal freundlich zu begegnen – und zwar auch in den beiden Großstädten Minneapolis und St. Paul, den «Twin Cities». Was nicht heißt, dass man schulterklopfende Geselligkeit erwarten darf – Zurückhaltung gilt als große Tugend im Mittleren Westen.

In Forest Lake verließen wir den Highway 35, denselben Highway, den wir vor ein paar Jahren auf unserer Hochzeitsreise tief im Süden in Oklahoma überquert hatten. Amerika ist ja trotz (oder gerade wegen) seiner Größe sehr übersichtlich gegliedert und durchnummeriert. Dann waren es keine zehn Minuten mehr, vorbei an Dunkin' Donuts, Blockbuster Video und dem chinesischen Restaurant, das in den siebziger Jahren Aufsehen erregte, weil es die große weite Welt nach Forest Lake brachte. Auf der Hauptstraße, zwischen dem Secondhand-Geschäft und dem Diner, das in einem ehemaligen Schuhladen untergebracht ist, liegt wie ein Fremdkörper Daniela's. Hier verkauft die italienischstämmige Daniela in ihrem winzigen Ein-Mann- beziehungsweise Eine-Frau-Lädchen Schokoladen und Trüffel, die zu den besten gehören, die ich je gegessen habe. Als Daniela bei meinem ersten Besuch hörte, dass ich aus Deutschland komme, präsentierte sie mir sofort stolz ihre Kinder-Überraschungseier.

Die Hauptstraße fährt man noch ein paar hundert Meilen weiter, vorbei an einer Handvoll Häusern, die alle ein gutes

Stück von der Straße entfernt inmitten großzügiger Grundstücke liegen. Wo keine Häuser stehen, liegen Felder, Felder, Felder.

Und dann standen wir in der Einfahrt von Gary und Julie, Roberts Eltern. Jetzt, im Sommer, blühte Julies Garten in prächtigen Farben, bewacht von zahlreichen Steinstatuen in Gestalt von Engeln, Vögelchen, Hündchen und weiteren von Julies Lieblingen. Im Winter hingegen schlägt hier Garys große Stunde. Dann kann man das Haus schon vom Highway aus sehen – die einzige Schwäche in Sachen Kitsch, die Gary besitzt, ist nämlich das Bestreben, mit der buntesten Weihnachtsbeleuchtung von ganz Minnesota zu prunken. Diese Leidenschaft passt ganz und gar nicht zu ihm, und gerade deswegen, glaube ich, wird er jedes Jahr im Herbst von seinen Kindern reich beschenkt, während über Julie längst ein Nippes-Embargo verhängt wurde. Und so blinken ab Nikolaus im Garten rote Rentiere, heben und senken Rehe ihre grün beleuchteten Köpfe, glitzern Sterne und Lichterketten rot, gelb, grün und blau in Büschen und Bäumen, und das Haus sieht aus, als sei ein Feuerwerk darauf nieder- aber nicht ausgegangen.

Kaum waren wir auf den Hof gebogen, ging das ohrenbetäubende Gekläff von Clover und Brutus los, Julies Spitzen, die wie üblich ihren Mangel an Charakter mit Lautstärke auszugleichen versuchten. Brutus ist ein schwarzer Fettsack, Clover eine weiße Hysterikerin. Und beide zusammengenommen eine Plage mit viel zu nasser Zunge. Die Hunde hingen wie üblich zum Frische-Luft-Schnappen an einer langen Leine, die mit einem Karabinerhaken neben dem offenen Garagentor festgemacht war. Normalerweise pflegten sie bei diesen Gelegenheiten innerhalb ihres Radius jeden Quadratzentimeter des Hofes zu beschnüffeln, und zwar tagaus, tagein, die einzige Lebensaufgabe, der sie gewachsen waren. Nun aber zogen und zerrten sie in dem verzweifelten Versuch, das Auto bespringen zu können. Gary war wie an jedem Wochenende draußen, steckte in seinem ältesten Hemd, seinen ausgefransten Shorts, in Socken und Sandalen und werkelte im Hof vor dem Haus an irgendetwas herum. Er kam auf uns zu und wischte sich dabei die Hände an einem feuchten karierten Lappen ab.

Gary ist der uneitelste Mensch, den ich je kennengelernt habe. Zur Arbeit und sonntags zum Kirchgang trägt er seine ordentlichen Jeans und bügelfreien karierten Flanellhemden, sonst läuft er am liebsten in Shorts oder ausgeleierten Trainingshosen und Flanellhemden herum. Er ist groß und sehr hager, mit langen dünnen Beinen und schmalen Schultern. Seinem Körper sieht man die lebenslange anstrengende Muskelarbeit im familieneigenen Futtermittelbetrieb mit angeschlossener Getreidemühle nicht mehr an, wohl aber das schwere Rückenleiden, das ihn vor zwei Jahren flachlegte. Von seinen braunen Haaren ist nur ein grauer Kranz um die Ohren übrig geblieben. Er trägt ein Kassengestell und ein Gebiss, das er abends bequemlichkeitshalber gerne herausnimmt. Dann sitzt er mit ein paar gelben Zahnstümpfen in seinem abgewetzten grünen Ohrensessel vor dem Fernseher, schaut Nachrichten, löst dabei Kreuzworträtsel und isst Cracker mit Käse. Solange es Cracker und Käse gibt, braucht Gary keine Mahlzeiten.

Oder er liest in der Bibel und isst Cracker mit Käse. Die Bibel ist für ihn ein bisschen so wie Cracker mit Käse – ein Grundnahrungsmittel, das ihn glücklich und zufrieden macht. Viel mehr braucht Gary zum Glücklichsein nicht. Das lässt er andere zwar nicht bewusst spüren, aber er ist einer dieser in sich ruhenden Menschen, denen man das anmerkt. Gary war ein Jahr lang in Vietnam, danach sei er als ein anderer Mensch zurückgekommen, sagt seine Frau, Gary spricht darüber nicht. Viele finden ihn einschüchternd, weil er mit wenig Worten und noch weniger Bedürfnis nach Geselligkeit auskommt. Aber wenn er etwas sagt, dann hat es Hand und Fuß, oder es ist ein staubtrockener Witz. Und wenn man ihn braucht, dann ist er da. Ich mag ihn sehr.

«Julie, sie sind hier!», rief er jetzt ins offene Garagentor hinein. Doch da hatte sich die Haustür bereits geöffnet, und Julie trat mit lautem «Hallohallo!» heraus, scheuchte Clover und Brutus hinein und steuerte schnurstracks die Wagentür an, hinter der Finn saß und das Geschehen, vor allem die beiden haarigen Krachmacher, mit gerunzelter Stirn beobachtete. Robert nestelte bereits an Finns Gurten, und nachdem Julie mich umarmt hatte, als wäre ich ihre verschollen geglaubte Tochter, wandte sie sich mit einem jauchzenden «Ohhhhhhhhhh-helloooooooooooo!!!» an ihren Enkel.

«Darf ich ihn bitte, bitte halten?» Julie drückte Finn an sich, der widmete ihr einen skeptischen Blick, entschied sich dann für ein breites Lächeln, und sofort sprudelte ein typischer, aber extraeuphorischer Julie-Begrüßungswasserfall los: «SCHAU dich mal an, du GROSSER Junge!! Jetzt SCHAU dich mal an!! Du bist ja schon DOPPELT so groß wie auf den letzten Fotos, die Oma von dir gesehen hat! BIST du ein großer Junge? Ja, BIST du ein groooßer Junge?? Ja, du bist Omas grooooßer JUNGE!! Und wie mein großer Junge STRAHLEN kann! Wie auf den BILDERN! Wir müssen dich GANZ schnell zu URgroßoma und URgroßopa bringen, die kennen AAAA-LLE deine Bilder, und die können es GAAAAR NICHT erwarten, dich zu sehen! Ja, dich, DICHDICHDICHDICH. Sehe ich da etwa ein ZÄHNCHEN? Ein ZÄHNCHEN!!! O-oh, will da jemand mit Omas Brille spielen? Will da jemand mit Omas Brille spielen? Oma wird gaaaanz, gaaaanz viel mit dir spielen!! Und deine Cousins auch! Und Clover und Brutus auch! Ach, Oma ist ja SOOOO froh, dass sie dich ENDLICH sehen kann! Sag deinen Eltern, du willst in Zukunft GANZ, GANZ oft zu Oma! Kannst du schon Oma sagen? Sag Oma! Omaomaomaomaomaomaomaom …»

«Wollen wir reingehen?», sagte Gary.

«REINREINREINREINREIN!!», sang Julie.

Julie ist das genaue Gegenteil von Gary. Äußerlich auch schlank, aber viel kleiner als ihr Mann, mit rotblonder spärlicher Dauerwelle und kleiner runder Brille, ist Julie erst glücklich, wenn sie sich neben ihrem Job in einer Krankenhausapotheke noch um die halbe Flora und Fauna Minnesotas und die gesamte Verwandtschaft kümmern kann.

Julie hatte eine eisige Kindheit. Ihr Vater starb früh, und ihre Mutter war offenbar eine, um es einmal ganz undiplomatisch zu sagen, verhärmte, missmutige und missgünstige alte Hexe, und zwar seit ihrer Jugend. Meine Theorie daher: Als Julie in jungen Jahren ihre Highschool-Liebe Gary heiratete, drückte sie mit weit geöffneten Armen seine große, warmherzige Verwandtschaft an ihr Herz und schuf sich ihre Traumfamilie. Und sie trug alles an niedlichem Nippes zusammen, dessen sie habhaft werden konnte, und schuf sich ein gemütliches Heim.

Julie muss hegen und pflegen und reden, und zwar am liebsten 24 Stunden am Tag. Sie ist erst zufrieden, wenn sie vom Mittagsmenü über die Lieblingslektüre bis hin zum Heilungsverlauf der letzten Hämorrhoidenoperation alles über den Alltag noch des entferntesten Cousins Bescheid weiß. Was nicht heißt, dass sie stündlich anrufen und fragen würde, nein, dafür ist sie dann doch zu minnesotisch – sie wird nur ein bisschen unruhig, wenn man es ihr nicht erzählt, und macht sich Sorgen, ob es auch allen gutgeht. Zum Ausgleich hat sie diese Sammelleidenschaft für Figürchen, Deckchen, Auf- und Anhänger entwickelt, die ihr Haus in einen Trödelladen verwandeln und um die sie sich auch noch «kümmern» kann.

Das Haus von Gary und Julie ist ein klassisches weißes amerikanisches Holzhaus: Erdgeschoss, erster Stock, Giebeldach. Links und an der Rückseite ragen zwei Anbauten in den Garten, ein nachträglich angebautes Wohnzimmer und nach hinten seit kurzem ein Wintergarten, der ungehinderten Blick auf Julies Blütenpracht, mehrere Vogelhäuschen und die Kraniche bietet, die regelmäßig im Garten zu Gast sind.

Mit Finn und Koffern und Taschen und Hundegebell marschierten wir durch den Nebeneingang, der durch die Garage direkt in die große Wohnküche führt. Das heißt in das Warenlager, das eine Wohnküche wäre, würde Julie nicht auf jeder freien Fläche Lebensmittel horten. Nirgendwo – außer vielleicht in den Wandschränken, wo einem manchmal Weihnachtskarten von 1963 entgegenflattern, wenn man nach einer Extrasteppdecke greift – wird so deutlich wie in der Küche, dass Julie angesichts ihres Jobs und ihrer Familienverpflichtungen deutliche Prioritäten gesetzt hat, was die Hausarbeit angeht.

Über die Arbeitsflächen verstreut lagen schmutziges Geschirr, offene Keks- und Kaffeepackungen, Küchentücher, ein paar Tupperdosen mit Essensresten, saubere Töpfe, Rollen mit Frischhaltefolie, drei Äpfel, ein Schlüsselbund, Notizzettel, Brotscheiben, eine Margarinedose, Wasserflaschen, eine Schale Beeren, Cornflakespackungen und Limonadedosen. Und auf einer Hälfte des Esstisches, der seit Roberts Highschool-Zeit nicht mehr für Mahlzeiten genutzt wird, balancierten auf noch unausgepackten Plastiktüten gefährlich schwankend ein Backblech mit Streuselkuchen, eine offene Blechdose voller Muffins und mehrere Schüsseln mit buntem Wackelpudding. Am nächsten Tag sollte nämlich der 78. Geburtstag von Opa Willard, Garys Vater, gefeiert werden. Die andere Tischhälfte war frei: Julie hatte uns zu Ehren aufgeräumt.

«Jetzt guck mal, was Oma für Finn gekauft hat!», rief Julie und versuchte einhändig, die Tüten unter dem Backblech hervorzuziehen. Robert sprang schnell hinzu. Was seine Mutter uns präsentieren wollte, waren in unserem Haushalt ganz normale Lebensmittel, Vollmilch und Butter zum Beispiel. Aber ich war gerührt. Auf Julies Speiseplan standen nämlich vor allem fett-, zucker- und geschmacksfreie Lebensmittel. Von der Milch bis zum Sauerrahm kaufte sie nur fettfreie Varianten, aufs Brot wurde eine Art Margarine geschmiert, Cracker kamen nur «mit extra wenig Salz» ins Haus. Aus gesundheitlichen Gründen. Julie war die erste Amerikanerin, die ich kennenlernte, die sich begeistert auf all die Perversionen des typischen US-Supermarktregals stürzte, die bei mir zu regelmäßigen Schimpftiraden führen.

Um aber Missverständnissen vorzubeugen: Dass ein amerikanischer Supermarkt kein anständiges Angebot hat, ist ein böses Gerücht. Heute jedenfalls ist ein guter amerikanischer Supermarkt ein Paradies. In unserem liegen im Gemüsefach Aloe-Blätter zwischen gelben Zucchini und fünf Sorten Tomaten; Kokosnüsse, Avocados und Kumquats gehören zum Standardrepertoire; die Fischtheke würde meinem türkischen Vater Tränen des Glücks in die Augen treiben; bei den Backwaren liegen neben Muffins und Bagels selbstverständlich auch Croissants und Kirschplunder; bei den Spaghettisoßen brauche ich regelmäßig eine halbe Stunde, um mich zu entscheiden; und das Teeregal mit aromatisiertem und reinem Schwarz-, Grün-, Weiß-, Yogi-, Rooibos- und Matetee ist ungefähr einen Kilometer lang. Und das sind nur ein paar der Sparten, die mich besonders entzücken. Von dem Asia- und dem Mexikoregal will ich gar nicht erst anfangen, ich kann aber versichern, dass man sich vor dem halben Meter deutscher Spezialitäten (Gewürzgurken, Senf, Fertigspätzle und Dosensauerkraut) ziemlich blöd vorkommt.

Wenn es etwas zu beklagen gibt, dann dass die Amerikaner

wieder einmal einfach viel zu viel des Guten tun. So ist es zum Beispiel überhaupt kein Problem, Lavendel-Vanillejoghurt, Aprikosenjoghurt angereichert mit Vitamin A und D, Pflaumenjoghurt mit Pecannüssen und Extra-Zink, Erdbeerjoghurt plus Eisen oder fettfreien Joghurt, Halbfettjoghurt, fettreduzierten Joghurt, Soja-Joghurt und Joghurt aus Ziegenmilch zu finden. Nach stinknormalem Vollmilchjoghurt aber muss man suchen. Alles wird entfettet, entzuckert und mit Extra-Nährstoffen angereichert. Eines Tages wird sich das amerikanische Kind zum Frühstück eine Scheibe glutenfreies Brot mit fettfreier Margarine und zuckerfreiem Honig schmieren und dann eine der Kinder-Spezialvitaminpillen schlucken, die es jetzt schon in jeder Drogerie zu kaufen gibt.

Und warum ich im Supermarkt ganz selbstverständlich zwischen fünf Ricotta-, fünfzehn Mozzarella- und zwanzig Frischkäsesorten wählen kann, es in Kaliforniens und New Yorks Szenevierteln hippe Läden gibt, die nur drei Sorten Joghurteis verkaufen oder ausschließlich Milchreis, es Quark aber außerhalb des deutschsprachigen Europa nirgendwo auf der Welt zu geben scheint, über dieses große Rätsel der Moderne würde ich irgendwann gern mal ein eigenes Buch schreiben.

Doch zurück zu Julies Küche. Wobei wir die inzwischen verlassen und uns im Wintergarten niedergelassen hatten. Der helle Raum mit Blick auf den Garten und die Felder neben dem Haus hatte längst das Wohnzimmer ersetzt. Hier standen sowohl Julies Handarbeitstisch (natürlich stickt sie und näht Quilts) als auch Garys Hometrainer, mit der Bibel auf dem anmontierten Lesepult.

Wir waren beim Abendessen. Finn hatte auf dem alten Hochstuhl von Roberts jüngstem Bruder sein Gläschen bekommen und ersetzte uns jetzt das Fernsehprogramm. Er krabbelte neben Clover auf dem Boden und versuchte, diesem an die kalte Hundeschnauze zu fassen, während Clover bestrebt war, dem leckeren neuen Menschlein das Gesicht und die Ohren abzulecken. «Willst du ihn nachher baden?», fragte Robert seine Mutter, und Julie strahlte. Wir hatten es uns auf dem tiefen Knautschsofa und ein paar rückenfreundlicheren Stühlen bequem gemacht und balancierten unsere Teller auf den Knien. Es gab kalten Braten, mit fettreduziertem Parmesan besprenkelten Tiefkühlbroccoli und Ofenkartoffeln mit fettfreiem Sauerrahm. Gary allerdings hatte sich wie Robert und ich glücklich ein paar dicke Flocken echter Butter unter den Sauerrahm geschoben.

Die Mahlzeiten sahen hier oft so aus: Jeder holte sich aus der Küche, wozu er Lust beziehungsweise was Julie zubereitet hatte, und dann aß man, alleine oder gemeinsam, je nachdem, wer wann Hunger hatte oder nach Hause kam. An dieses Buffetprinzip, das auch bei größeren Feiern die Regel war, musste ich mich erst gewöhnen, schließlich kannte und schätzte ich von zu Hause nur ordentliche Familienmahlzeiten am gemeinsamen Tisch. Andererseits machte es einen Aufenthalt als Gast sehr unkompliziert, und das war auch nicht zu verachten.

Wir erzählten von der Fahrt, Gary und Julie wollten wissen, wie es ihrem Enkelkind unterwegs ergangen war. Und dann war es schon Zeit, Finn erst in die Wanne und anschließend ins Bett zu stecken. Und mich gleich hinterher.

Am nächsten Morgen war Sonntag, und das hieß Gottesdienst. Gary und Julie sind katholisch und damit im protestantischen Mittleren Westen eine Minderheit. Julie selbst ist erst zur Hochzeit mit Gary zum Katholizismus übergetreten. Aber auch den Katholizismus hat sie mit Inbrunst umarmt und betreibt die Kirchgänge und die Gemeindearbeit mit heiligem Ernst. Gary ist sogar Diakon, doch selbst am Ambo scheint immer ein entspanntes Lächeln seine Lippen zu umspielen – ich würde es zu gern als ironisch bezeichnen, aber bei Gary hört die Ironie auf, wenn es um Gott geht. Gary und Julie sind sehr, sehr gläubig – aber auf amerikanische, also relativ entspannte Art. Wobei ich zugeben muss, dass ich viel zu wenig praktizierende deutsche Christen kenne, um etwaige Unterschiede beurteilen zu können.

Der Kirchgang war für Finn eine weitere Premiere. Und für mich auch. Bisher hatten Gary und Julie es nämlich offenbar nicht gewagt, Sohn und Schwiegertochter zur Kirche zu bewegen. Robert hatte sich seit seinem Auszug immer weiter vom Katholizismus seiner Kindheit entfernt, und ich, nun ja, ich kam aus Europa und hatte einen türkischen Vater. Damit schien ich einen unsichtbaren Schutzschild zu tragen, der mich vor vielen Konventionen und Fragen automatisch befreite und als eine Art präventive Entschuldigung fungierte, nach dem Motto: Sie kommt eben aus einem anderen Kulturkreis! Für einfache, freundliche Minnesotans vom Land wie Roberts Eltern war ich wohl fast so exotisch wie das Mitglied eines zentralafrikanischen Naturstammes, dem gegenüber man sich keine Blöße geben und das man auch keinesfalls beleidigen will.

Vielleicht war das Thema Religion deshalb irgendwie tabu. Mir kam das seltsam vor. In diesem Haus lag in jedem Zimmer, wirklich jedem, entweder die Bibel oder ein anderes christliches Erbauungsbuch. Sogar in der Waschküche. Keine Wand kam ohne mindestens einen frommen Kalenderspruch in Form eines Holztäfelchens, Bronzeschildchens oder Stickbildchens aus. Gary gab mehrmals im Jahr Kurse in der Sonntagsschule und war für die Einweisung zum Katholizismus konvertierter Schäfchen zuständig. Zu Hause am Esstisch aber, beim einträchtigen Wochenendausflug oder der entspannten

Kaffeerunde – kein Wort. «Hast du deinen Eltern verboten, mit mir über Religion zu sprechen?», fragte ich eines Tages misstrauisch meinen Mann. «Neeeein ...», antwortete er, «aber ich habe ihnen schon vor langer Zeit verboten, mit mir über Religion zu sprechen. Vielleicht beziehen sie dich automatisch mit ein.»

Ich war enttäuscht. Wie sollte ich denn da in meiner persönlichen amerikanischen Fernsehserie die typische Folge mit dem verkrampften Familienfest erleben, auf dem die Emotionen hochkochen und das in einem Eklat mit Tränen, Gebrüll und ungleichen Paaren im selben Bett endet, bevor sich am Ende alles in Wohlgefallen auflöst, das Familienoberhaupt endlich auch den jüngsten Sohn anerkennt und die karrieresüchtige Tante sich auf den Wert ihrer Wurzeln besinnt?

Außerdem war ich schließlich selbst mit einer äußerst gläubigen türkischen Oma aufgewachsen. Gott war mir also gewiss kein Fremder. Die Bibel allerdings schon. Und der Koran übrigens auch. Meiner Oma hatte es nämlich gereicht, ihre Enkelin zum Glauben an Gott zu erziehen, weshalb ich noch immer mit so einer Art Weihnachtsmann-Gottesbild herumlaufe. Ich würde gerne ein bisschen von Gary lernen. Robert aber hatte, glaube ich, im Hinblick auf seine Eltern ein wenig Angst vor meiner unbekümmerten Einstellung. Jedenfalls hatte ich ihm vor unserem ersten Besuch versprechen müssen, keinen Kommentar über den Papst abzugeben.

Ich war in meinem ganzen Leben nur ein paarmal zu Weihnachten in der Kirche gewesen, und auch das nur, wenn Robert oder andere ausländische Gäste sich dafür interessierten. Ich hatte keine Ahnung, wie man sich in einem Gottesdienst verhält. «Steh einfach auf, wenn ich aufstehe, und bleib sitzen, wenn wir das Sakrament in Empfang nehmen», sagte Robert. Wenn es nur so einfach wäre, dachte ich bei mir und zog Finn sein niedlichstes Outfit an. Hinter ihm würde ich mich verstecken und auf meine Rolle als stolze Mutter konzentrieren. «Du kannst auch hierbleiben», bot Robert an. Aber das kam überhaupt nicht in Frage, ich musste meinen Sohn schließlich vor den schwulen-, verhütungs- und womöglich auch islamfeindlichen katholischen Schwingungen abschirmen.

Gemeinsam fuhren wir zur Kirche, Julie informierte ihren Sohn unterwegs über alle ehemaligen Schulkameraden und ihre Eltern, denen er womöglich das Glück haben würde zu begegnen, wer von ihnen das College beendet, an Krebs erkrankt oder geheiratet hatte. Robert sah sehr unglücklich aus.

Die katholische Kirche von Forest Lake ist Mittelpunkt eines jener erst in den letzten Jahrzehnten erbauten Gemeindezentren auf der grünen Wiese, auf die man im ländlichen Amerika so oft stößt. Dank Finn waren wir spät dran, und so begegnete uns kaum jemand, während wir durch die Gänge eilten.

Die Kirche hatte einen Raum für Familien mit kleinen Kindern, vom Altar durch eine Glasscheibe getrennt. Robert fragte, ob wir uns mit Finn nicht lieber dorthin setzen sollten, aber da hatte Julie sich ihren Enkel schon geschnappt und war in den Predigtraum marschiert. Ich staunte. So voll waren Kirchen in Deutschland höchstens zu Weihnachten, und hier besuchten wir eine von vier Sonntagsmessen. Unsere unmittelbaren Banknachbarn schäkerten erst mit Finn und nickten dann lächelnd Robert und mir zu. Ich versuchte, mit möglichst viel bescheidener Nächstenliebe im Blick zurückzulächeln und fragte mich, wieso ich mich in christlicher Umgebung immer so dämlich benahm.

Der Gottesdienst begann, die Gemeinde stand, saß, sang und betete, und ich vollführte den Ritus der Kindsberuhigung: Nacheinander zog ich, als Finn das Geschehen lange genug angestarrt hatte und unruhig zu werden begann, ein Fläschchen, seine Dose Cheerios, diverse Spielzeuggegenstände und schließlich einen sorgsam gehüteten Strohhalm hervor, an dem Finn für den Rest der Predigt andächtig herumkaute.

Gegen Ende des Gottesdienstes gingen alle nach vorne, um vom Pfarrer und seinen Helfern die Hostie in Empfang zu nehmen. Wehmut ergriff mich, als Julie Finn davontrug. Ich fühlte mich ausgeschlossen. Sollte ich vielleicht wenigstens zum Protestantismus konvertieren? Schließlich war mein deutscher Großvater evangelischer Dekan gewesen ... Da sah ich, dass Julie nicht zum Pfarrer selbst ging, sondern sich bei einer freundlichen älteren Dame in die Schlange stellte. Na, so was! Mein Sohn hatte doch wohl durchaus Chefarztbehandlung verdient.

Nach dem Gottesdienst war ein Pfannkuchenessen angesetzt. Die Gemeinde schlenderte plaudernd in den riesigen Veranstaltungsraum, und Julie stellte sich mit Finn auf dem Arm strategisch geschickt in die Nähe des Eingangs, sodass praktisch jeder an uns vorbeimusste.

«Das ist also der berühmte Enkel aus Deutschland!», rief eine kleine ältere Dame mit schneeweißer Dauerwelle, die in Deutschland ein beigefarbenes Kostüm (oder sonntags vielleicht ein dunkelblaues?) getragen hätte, uns hier aber in Jeans und einem froschgrünen Sweater entgegengeschlurft kam, unter dem am Kragen ein rosa Polohemd und eine Perlenkette hervorlugten.

«Meine Großmutter ist in Dresden auf die Welt gekommen!» Minnesota ist voller deutschstämmiger Amerikaner.

«Hallo, Millie», rief Julie, «ja, das ist Finn!» Zu mehr kam sie nicht, denn hinter Millie hatte sich ein mittelalter Mann mit Schnauzbart zu uns umgedreht. «Deutschland? Mein Bruder war zwei Jahre in Deutschland stationiert. Ich weiß aber nicht mehr, wo. Eine Stadt mit R und viel Wald ...» Ich wollte Millie von Dresden vorschwärmen, sah mich jetzt aber gezwungen, mich schnell auf einen amerikanischen Stützpunkt mit R zu besinnen. Da kam Deborah, die in der Kirche hinter uns gesessen hatte, und nickte: «Mein Vater war kurz in deutscher Kriegsgefangenschaft. Ganz in der Nähe eines Sees mit B.» Langsam kam ich mir vor wie bei Stadt-Land-Fluss. Mit einem verzweifelten Lächeln schielte ich nach Robert, der sich gerade von einer ehemaligen Lehrerin ins Ohr brüllen ließ, wie schlecht er immer in Mathematik gewesen sei. Zum Glück rettete mich Gary: «Also, Iris kommt aus Berlin.»

«Berlin!» Der Mann mit dem Schnauzer trat näher heran. «Ich kenne die Gedächtniskirche! Und den Dom! Was sagen Sie denn da zu unserer kleinen katholischen Hütte, junge Frau?»

Natürlich strahlte ich ihn begeistert an: «Ganz reizend haben Sie es hier! Und so viele Leute! Das haben wir in Deutschland nicht!»

«Welche Kirche besuchen Sie denn?»

«Ehrlich gesagt, keine.»

«Keine??»

«Äh, also im Dom war ich natürlich, auch in der Gedächtniskirche.» Ich stockte. «Und die Ostberliner Kirche, die eine ganz wichtige Rolle vor dem Mauerfall 1989 spielte, die lag ganz bei mir in der Nähe!»

«Ahhh, der Mauerfall!», rief Mr. Schnauzbart. «Die Befreiung Deutschlands vor den gottlosen Kommunisten! Sind Sie etwa auch so eine, hohoho?!»

«Hmmm, die Pancakes riechen aber gut!», fiel Julie ihm schnell ins Wort, und Millie und Deborah nickten heftig mit ihren Köpfen. Aber ich fand das Gespräch auf einmal sehr interessant.

«Nein, bin ich keineswegs. Kommunistin.»

«Ihr deutscher Großvater war evangelischer Dekan!», sagte Julie und ergänzte schnell: «Wollen wir uns Pancakes holen? Mein großer Junge will bestimmt auch einen leckeren Pancake. Mjamjam, Finn, mjamjam!»

«Und mein türkischer Großvater war ein Koran-Experte», sagte ich zu Mr. Schnauzbart, den hier offenbar keiner zu kennen schien, jedenfalls sprach ihn niemand mit Namen an.

«Oho!», antwortete er. «Ein Türke!»

«Ja, ich bin zur Hälfte türkisch.»

«Das ist schon okay, auch wenn ihr uns während des Irakkrieges keinen Stützpunkt in der Türkei habt benutzen lassen, hohoho.»

«O danke, sehr großzügig von Ihnen, ich werde bei Allah für Sie beten.»

«Sehr schön, Hauptsache, Sie beten, das kommt dann schon beim Richtigen an.»

«Pancakes, pancakes!», rief Julie.

«Pancakes», nickte ich, und wir marschierten zur Essensausgabe der Gemeindeküche, wo sich inzwischen wenigstens die Schlange stark verkürzt hatte. Julie wollte von Gary wissen, wer denn dieser Herr mit dem Schnauzer gewesen sei, und war erleichtert, als Gary ihr weder einen Namen noch eine Kurzbiographie geben konnte.

«Der gehört nicht zu unserer Gemeinde!», stellte sie mir gegenüber zufrieden fest.

«Ich fand ihn lustig», meinte ich.

«In unserer Gemeinde ist niemand für den Irakkrieg!», sagte Julie.

«Na, ich weiß nicht», entgegnete Gary.

«Amy und Gary Johnson vielleicht», meinte Julie nachdenklich. «Aber deren Söhne könnten ohne die Army ja auch nie aufs College.»

«Man sollte meinen, mit Söhnen in der Army seien sie erst recht gegen den Krieg», sagte ich. Gary grinste.

«Aber Amy wäre das sehr peinlich», erklärte Julie mir. «Für Gemeindefeste backt sie immer die kompliziertesten Kuchen, weil die Kirche ihrer Mutter eine Haushaltshilfe besorgt hat.»

«Die Regierung müsste also nur Putzfrauen in alle Haushalte schicken», sagte Gary, «und schon wäre die Bevölkerung für den Irakkrieg!» Sofort wandten sich uns fünf Frauen zu, die vor und hinter uns in der Schlange standen: «Und ob ich dann für den Krieg wäre!»

Nach der Kirche setzten wir Gary bei seinen Eltern ab. Seit die beiden zu alt und gebrechlich waren, um zum Gottesdienst zu gehen, hielt Gary für sie jeden Sonntag eine kleine Privatpredigt ab. Dann fuhren wir nach Hause, wo Julie noch letzte Hand an die Muffins und einen Krautsalat legen wollte.

Am Nachmittag traf ich dann zum ersten Mal auf die gesamte Familie. Als wir bei Oma und Opa ankamen, war noch kaum jemand da, und so setzten wir uns zu den beiden an den Küchentisch. Beide hatten Sofakissen auf ihren Stühlen und die zusammengesunkene Haltung, die sehr alten Menschen eigen ist. Oma Joanne hatte einen riesigen Kopf, trug eine ebenfalls sehr große, dunkelgetönte Brille und begrüßte ihren Urenkel mit dem strahlendsten Gebiss, das ich je hatte blitzen sehen.

Vielleicht war ich durch die Schwärmereien von Julie, die Oma Joannes größter Fan war, voreingenommen, aber ich meinte, sofort die heitere Laune zu spüren, die sie permanent auszustrahlen schien. «Willst du Finn mal auf deinem Schoß haben?», bot ich ihr nach der Begrüßung an. Oma Joanne wurde ganz nervös.

«Haaach, ich weiß nicht, kann ich ihn denn festhalten? Nicht dass mir der Kleine runterfällt.»

«Das ist er gewohnt, Oma», meinte Robert, und seine Mutter warf ihm einen empörten Blick zu, während Oma Joanne kicherte. Ich setzte mich neben sie, Finn aber, der ihre Unsicherheit zu spüren schien, wurde unruhig und hing bald quer über uns.

«Bonjour bonjour, comment ça va?», fragte Opa Willard mich. Er hatte während des Krieges in der Normandie gekämpft, für ihn waren alle Europäer automatisch Franzosen. Ich war damit beschäftigt, Finn davon abzuhalten, Oma Joannes Unterrock mit in den Abgrund zu ziehen, und verstand nicht sofort. «Wie bitte?»

«Comment ça va! Robert, versteht deine Frau schon kein Französisch mehr?»

«Iris ist Deutsche, Opa», sagte Robert. «Wie geht's dir denn?»

«Na, wir zerbröseln hier so langsam, mein Junge. Heute hat mir die Pflegerin endlich mein neues Medikament aus der Apotheke mitgebracht.» Vor ihm auf dem Tisch lag seine Lesebrille und ein Beipackzettel, zu denen er jetzt griff: «Aber da steht: ‹Bei ungewohnt heftigen Erektionen bitte den Arzt verständigen.› Erektionen! Ich kann mich an meine letzte Erektion gar nicht erinnern.»

Ich warf einen schnellen Seitenblick auf Julie und Robert, ob ich auch richtig verstanden hatte. Julie kümmerte sich plötzlich eingehend um Finns Hemdknöpfe, Robert grinste. Ich hatte richtig verstanden. Ich hatte Opa Willard erst zweimal in meinem Leben getroffen, schön, dass ich ihn jetzt ein bisschen besser kannte.

«Wann war meine letzte Erektion, Joanne?», fragte Opa Willard.

«Waaas?», fragte Oma Joanne, die ein Hörgerät trug. Und dann: «Finn sieht aus wie sein Vater!»

«Ganz genau!», rief Julie schnell. «Aber ich denke mal, das kannst du schon nicht mehr hören, Iris.»

«Das ist schon okay, solange er mein Hirn abbekommen hat», wiederholte ich meine Standardantwort, obwohl ich viel lieber noch länger Oma Joannes und Opa Willards Unterhaltung gelauscht hätte.

«Erektion … Erektion …», überlegte Opa Willard.

Da kamen Roberts zwei Schwestern in die Küche. «Herzlichen Glückwunsch, Opa!», riefen Angela und Natalie.

Angela ist für mich ein Phänomen. Sie hat zwei Jungs und einen Mann, «also eigentlich drei Kinder», wie sie immer zu sagen pflegt, und arbeitet außerdem noch als Sozialarbeiterin für schwererziehbare Kinder. Ich glaube, Angelas einzige Schwäche ist ihre SMS-Sucht. Weil sie aber nur etwa fünf Sekunden Freizeit pro Tag hat, tippt sie ihre Nachrichten meist beim Autofahren, weshalb nie jemand bei ihr mitfahren will. Das ist auch das einzige Detail ihres Lebens, das sie vor ihrer Mutter geheim hält. Ansonsten sind die beiden einander offene Bücher, anders als Natalie. Natalie trägt einen Nasenstecker, besitzt einen Vogel, einen Hund und eine Echse, arbeitet in einem Frauenhaus und lebt mit einer Freundin zusammen. Doch darüber wird ungefähr so ausführlich gesprochen wie über meine türkische Herkunft.

«Na, Opa», umarmte Natalie Willard, «redest du wieder französisch mit Iris?»

«Nö», murmelte ich, sodass Willard und Joanne mich nicht hören konnten, «gerade habe ich auf Englisch einiges über seine Erektionsbeschwerden erfahren.»

«Siehste, auch bei uns aufm Land geht's ab!», rief Angela.

«Offenbar ja nicht», meinte Natalie. Da kam Terry, der jüngste Bruder, mit Frau und dreijährigem Sohn dazu.

«Hi!», sagte Terry. «Wie geht's?»

«Gut, und dir?», antwortete ich.

«Gut!»

Das würde so ziemlich unsere einzige Unterhaltung an diesem Nachmittag bleiben, im Vergleich zu Terry ist Finns Stoffschildkröte Mr. Turtle die reinste Plaudertasche. Wahrscheinlich wurde Terry von Julie und seinen älteren Schwestern in Grund und Boden geredet und beschränkt sich jetzt auf das Nötigste. Carrie ist da schon redseliger, außerdem verbindet uns, dass sie eine deutsche Großmutter hatte und bei uns beiden die Wehen am Abend nach einer Pediküre losgingen. Früher hätten wir uns über Berlin unterhalten – Carrie ist nämlich die Künstlerin in der Familie und entwirft auf halbprofessioneller Basis Inneneinrichtungen und Glückwunschkarten für halb Forest Lake, und sie interessiert sich sehr für Berliner Design –, heute vertieften wir uns sofort in eine Unterhaltung zum Thema Essgewohnheiten bei Kindern, weil Eric erstaunlich zufrieden an einer Karotte knabberte.

Da rief jemand «Hamburger sind fertig!» von der Terrasse. Es war einer von Garys Brüdern – diese Familie war so groß, dass ich mich bis heute weder an alle Namen noch an die Gesichter erinnern kann. Der hier jedenfalls, das würde ich bald feststellen, galt als der Grillmaster der Familie. Er kam mit einem Teller Fleisch in die Küche, und sofort strömten alle zum mittlerweile aufgebauten Buffet, um sich ihre Cheeseburger und Hotdogs zusammenzustellen. Sobald die Temperaturen auf über 18 Grad Celsius steigen, verlegen die Minnesotans, anders als viele der anderen klimaanlagenverrückten Amerikaner, ihre Freizeit nach draußen. Dann werden noch im kleinsten Hinterhof die Klappstühle abgewischt und die kugelförmigen kniehohen Minigrills in Betrieb genommen. Der Grill hier war natürlich viel größer, aber von der altmodischen, schlichten Sorte: Kohle, Rost, Abdeckhaube.

Ich glaube, der Grill ist für viele Amerikaner ein das Haus oder Auto ergänzendes Statussymbol – selbst bei jungen Paaren ohne Familie sieht man häufig die blitzenden Edelstahlungetüme, die jedem schicken Landhotel in Deutschland zur Ehre gereichen würden. Kein Wunder: Wann immer in Amerika im Sommer mehr als zwei Personen zum Essen zusammenkommen, wird gegrillt. In Minnesota gehören dazu unbedingt Maiskolben. Noch bevor ich die Anzahl seiner Geschwister kannte, wusste ich von Robert, dass der beste Mais der Welt im Garten seiner Eltern wachse. Und andere Amerikaner mögen ihren Kleinkindern Chinesisch und Klavier beibringen lassen – unser Sohn lernte, noch bevor er zwei Jahre alt war, das Schälen von Maiskolben.

Diesmal allerdings konzentrierte sich die Familie noch darauf, Finn mit Wassermelonen zu füttern. Die liebte er zum größten Entzücken aller Anwesenden nämlich sehr, und so saß das jüngste Familienmitglied nur mit einer Windel bekleidet im Garten unter einem Baum, und der Saft tropfte ihm von den Mundwinkeln bis auf die Knie. Ich musste daran denken, wie sehr er im nächsten Jahr den geplanten Türkeiurlaub bei meiner Familie genießen würde.

Familienbesuche in Minnesota erinnern mich sehr an die Reisen in die Türkei. Auch da kann ich mir nie alle Namen und Verwandtschaftsgrade merken – nur dass mein türkischer Opa viermal verheiratet war und mein Vater deshalb diese unübersichtliche Menge an Brüdern und Cousins und Cousinen besitzt (Tanten gibt es nur zwei, und die sind zwanzig Jahre auseinander, die kann ich leicht unterscheiden). Auch in der Türkei kommen anlässlich unseres Besuches immer alle zum Essen zusammen. Auch da ist es meist Sommer, wir sitzen draußen, reden durcheinander, bringen uns gegenseitig auf den neuesten Stand und nehmen uns in und auf den Arm. Wie mein Vater ist Robert ein bisschen der bewunderte große Bruder unter den Geschwistern, weit gereist, mit Doktortitel und exotischer Ehefrau.

Angela und Terry besuchen das Community College, eine Art Abendschule, um Abschlüsse in Sozialpädagogik beziehungsweise Umweltingenieurwissenschaft nachzuholen, und ich bin überzeugt, dass das auch ein bisschen durch ihren ältesten Bruder inspiriert ist. Julie in ihrem Bestreben, alle beisammen und möglichst unter ihren Fittichen zu halten, war das weibliche Gegenstück zu meinem Vater – nur dass er seinen Willen mit orientalischem Machotum statt minnesotischer Zurückhaltung durchzusetzen pflegte. Außerdem waren hier alle sehr viel katholischer, als meine Familie islamisch war. Mit meinen Cousinen in Izmir pflegten wir uns kichernd gegenseitig aus dem Kaffeesatz zu lesen – Angela musste nach dem Kaffee noch einmal zur Kirche, weil sie in der Endphase eines großen Projektes steckte: Sie hatte einen Friedhof für Ungeborene und Babys initiiert, einen Ort, wo Eltern um verlorene Kinder trauern konnten.

Ich fühlte mich in dieser Familie sofort heimisch. Der Trubel ist mir vertraut, und auch diese ganz spezielle Mischung aus demonstrativem Zusammengehörigkeitsgefühl und individuellen Abgrenzungsbestrebungen, die so typisch ist für große Familien, deren Mitglieder dicht beieinanderwohnen. Auch in Roberts Familie wurde hingebungsvoll über Abwesende getratscht, und natürlich gab es gelegentliche Familienzwiste. Und anders als Robert, der alles tut, um da rausgehalten zu werden, genieße ich das Spektakel von meinem Logenplatz aus sehr: Einerseits bin ich vertraut genug mit den Akteuren, um die Dramen interessant zu finden, andererseits distanziert genug, um mich nicht zu intensiv damit abgeben zu müssen.

Meine alte Theorie, dass Amerikaner und Türken erstaunlich viel gemeinsam haben (Familiensinn, Gottesfürchtigkeit und die Begeisterung für Nationalflaggen), finde ich in Minnesota jedenfalls bestätigt. Und von der bei allem Fleiß so entspannten Lebenseinstellung der Amerikaner habe ich ja schon mehrfach geschwärmt. Ich finde wirklich, es gibt eine amerikanische Entsprechung zur orientalischen Gelassenheit.

So waren die Wochen in Forest Lake ein voller Erfolg – zu Roberts Entsetzen fing ich regelmäßig davon an, dass wir doch nach Minnesota ziehen und auf dem riesigen Grundstück seiner Eltern (das zu über der Hälfte aus an einen Bauern verpachteten Feldern bestand) ein Haus bauen sollten. Julie bekam jedes Mal strahlende Augen, während Robert schnell das Thema wechselte und mich schließlich bat, bei seiner Mutter nicht so große Hoffnungen zu wecken, noch nicht einmal im Spaß.

Aber ich meinte es tatsächlich nur halb im Spaß. Natürlich wollte ich nicht unbedingt Tür an Tür mit der ganzen Sippe wohnen, aber gegen ein eigenes Haus in einer der Twin Cities hätte ich die Nähe zu New York sofort eingetauscht. Minneapolis und St. Paul bieten ein ausgezeichnetes Kulturangebot, eine Fülle an kinder- beziehungsweise elternfreundlichen Aktivitäten, entspannte Menschen und eine schöne Umgebung.

Die Amerikaner müssen irgendetwas in ihr Wasser tun, jedenfalls fing an, sich auch in mir inzwischen gelegentlich der Wunsch nach einem eigenen Haus zu regen, das wir uns an unserem gegenwärtigen Wohnort wohl nie würden leisten können. Mit einem eigenen Häuschen aber könnten wir im Garten grillen oder Schneemänner bauen, Finn könnte so viele Bälle rollen und Töpfe schlagen, wie er wollte, und ohne Rücksicht auf neurotische Nachbarn laufen, rennen und hüpfen lernen. Ich könnte morgens, vor dem Haus auf den Stufen zur Veranda sitzend, meinen Kaffee trinken, die Zeitung lesen und mit den Nachbarn plaudern. Beim Abwasch vom Küchenfenster aus würde ich verdächtige Dinge wahrnehmen, einen Mord entdecken und gemeinsam mit ein paar Nachbarinnen lösen. Dann käme mal Schwung in meine eigene amerikanische Fernsehserie!

Der Hauptgrund meines Wunsches nach Nähe zu Roberts Familie war natürlich Finn. Ich glaube, das ist bei allen Eltern so. In meinem Fall jedenfalls hatte sich die Rolle als schwarzes Schaf der Familie, das derselben nach Meinung meines türkischen Vaters nicht genug Bedeutung beimisst, ziemlich gewandelt. Es ist wirklich erstaunlich, wie sehr man plötzlich nahe Verwandtschaft auch in räumlicher Nähe zu schätzen weiß, wenn man ein Kind hat. Kostenlose Babysitter! Entspannte Sonntagnachmittage, an denen genug Augenpaare auf den tobenden Nachwuchs achten! Omas, Opas, Tanten und Onkel, die es als selbstverständlich ansehen, wenn man Abendessen im Restaurant für halb sechs ansetzt, damit die Kinder (und man selbst) pünktlich ins Bett kommen!

Aber es war nicht nur der Gedanke an kostenlose Rundumbetreuung, der mir am Familienanschluss gefiel. Nein, ich finde vielmehr, dass es für Kinder von unschätzbarem Wert ist, mit einer älteren Generation aufzuwachsen. Ich bin der festen Überzeugung, dass die Nähe zu meiner türkischen Großmutter und Großtante aus mir einen besseren Menschen gemacht hat. Oma und Teyze – so hieß sie bei uns nur, *teyze* ist Tante auf Türkisch – lebten während meiner gesamten schwäbischen Kindheit bei uns in der Nähe. Ich habe jedes zweite Wochenende und unzählige Schulferien bei ihnen verbracht. Und was Erwachsenen der Auslandsaufenthalt zur Horizonterweiterung, ist bei Kindern der Kontakt zu einer (oder zwei oder drei) weiteren festen Bezugspersonen, deren Lebensrhythmus, Wertvorstellungen und Speisepläne auf anderen Grundsätzen basieren als die der Eltern. Für die mag das anstrengend und manchmal vielleicht auch ein Kampf sein – für das Kind aber, da bin ich mir sicher, ist es ein Gewinn, von dem es bewusst oder unbewusst ein Leben lang zehren wird.

So versuchte ich es denn auch mit möglichst viel Gelassenheit zu nehmen, dass Finn sich nach einer Woche bei Oma und Opa nur noch von Crackern und Keksen ernähren wollte und seine beiden Nickerchen gegen Hundenasenjagd und Schaukeln in Opas Garten eingetauscht hatte. Zu Hause, wenn wir wieder zur langweiligen Drei-Personen-Familie geschrumpft waren, hatten wir noch genug Muße, das wieder geradezubiegen.

Die Folge, in der wir die Nanny des Schreckens vertreiben

Etwa eine Woche nach unserer Rückkehr gaben wir Finn zum ersten Mal bei Tanja ab. Tanja hatten wir vor unserem Urlaub im Internet gefunden. Denn mir war sehr bald klar geworden: Ich musste dringend Asyl für meinen Sohn finden. Zu unser beider Bestem. Mich hatten die Monate mit ihm gelehrt, dass ich einfach nicht zur 24-Stunden-Mutter geeignet war. Ich brauchte Zeit für mich – und ich brauchte schlichtweg auch Zeit zum Arbeiten. Von Roberts Einkommen allein würden wir nicht leben können, oder jedenfalls nicht so, dass wir glücklich damit wären. Ich wollte nicht bei jedem Starbucks-Kaffee vom schlechten Gewissen geplagt werden, und auch die Flüge nach Deutschland oder in die Türkei würden ohne meinen Beitrag zur Haushaltskasse ein echtes Problem.

Während ich mich auf die Suche nach Kitas machte, durchforstete Robert *craigslist.com*. Die Website ist gewissermaßen Amerikas Schwarzes Brett, eine virtuelle Zettelwand, die es für so ziemlich jede Region des Landes gibt. Hier werden Jobs ebenso angeboten wie Häuser, Ferienwohnungen oder gebrauchte Staubsauger; Bands suchen Mitglieder, Fliegenfischer Angelpartner, einsame Herzen Kontakt. Robert fand Tanja.

«Fröhliche ungarische Mutter passt auf Ihr Kind auf», lautete Tanjas Anzeige auf *craigslist*. «Ich bin Anfang dreißig, habe eine 16 Monate alte Tochter und liebe es, mit Kindern zu spielen. Ich koche leckere Hausmannskost wie Hackbraten und Pfannkuchen und werde gut auf Ihr Kind aufpassen. 10 Dollar pro Stunde, flexible Zeiten, Ermäßigung bei Vollzeit möglich.»

Tanja wohnte im Nachbarort, etwa zehn Minuten Autofahrt von uns entfernt. «Was meinst du?», fragte Robert. Ich zögerte. Finn einfach so einer wildfremden Frau anvertrauen, die man übers Internet gefunden hat? Würde uns das nicht zu schlechten Eltern machen? Aber Tanja klang einfach perfekt, und so beschlossen wir, uns mit ihr zu treffen.

Und Tanja war perfekt. Ihr Haus war geschmackvoll eingerichtet und blitzblank – sauberer und kindersicherer als unsere Wohnung. Ihre Tochter wirkte fröhlich und gesund, und Tanja merkte man den Spaß am Muttersein sofort an. Barfuß und mit hüftlangen schwarzen Haaren entsprach sie dem Klischee der warmherzigen, lebensfrohen Ungarin. Wir stellten ein paar Fragen, wir holten ein paar Referenzen ein – aber vor allem beschlossen wir, unserem und Finns Bauchgefühl zu vertrauen. Der hatte sich sofort vertrauensvoll lächelnd von ihr auf den Arm nehmen lassen und betrachtete von dort interessiert Marie, Tanjas Tochter. «Endlich mal ein Spielgefährte in meiner Größe!», schien er zu denken. Und ich dachte das auch. Tanja ähnelte mehr meinen türkischen Cousinen als den Müttern von New Jersey.

Tanja war als Au-Pair nach Kalifornien gekommen, hatte sich während ihres Aufenthaltes in einen Amerikaner, John, verliebt und war geblieben. Nach der Heirat war das Paar wegen Johns Job nach Manhattan gezogen, und Tanja hatte bis zu Maries Geburt als Assistentin eines Innenarchitekten gearbeitet. Ihre einzige Referenz in Sachen Kinderbetreuung war deshalb ihre alte Au-pair-Familie. Als ich diese anrief, rief die Dame des Hauses beglückt: «Ach, wie schön, wenigstens so mal wieder von Tanja zu hören! Ich muss mich unbedingt mal wieder bei ihr melden! Sie ist wunderbar, sagen Sie ihr, sie kann jederzeit zurückkommen!»

Ich richtete ihr das aus, meinte aber gleichzeitig, sie solle auf keinen Fall nach Kalifornien zurückkehren – wir würden ihr ab dem Spätsommer Finn gerne ein paarmal pro Woche einen halben Tag lang überlassen. Damit war unser Deal perfekt. Finn hatte eine Tagesmutter und ich ein Stück meiner Freiheit zurück.

Als ich Finn das erste Mal bei Tanja abgab, war es nur für zwei Stunden. Zur Eingewöhnung, wie ich dachte. Finn krabbelte sofort in Maries Spielecke und würdigte mich keines Blickes mehr. Als ich nach zwei Stunden wiederkam, sah er kurz von Maries Lerncenter auf, lächelte und spielte weiter. Nach drei Tagen blieb er die vollen sechs Stunden bei Tanja und Marie, und wenn ich ihn abholen wollte, weinte er manchmal. Ich war begeistert und sehr stolz auf meinen unabhängigen, kontaktfreudigen Sohn.

Tanja wirkte, als habe sie sich unsterblich in ihn verliebt – er hatte sich außer mit seinen blauen Augen und seinem Dauergrinsen mit einem ganz einfachen Trick in ihr Herz geschlichen: Er liebte ihre Küche. Die zarte Marie, die zwar fünf Monate älter war als Finn, aber genauso groß wie er, war nämlich eine miserable Esserin. Tanja stand Stunden in der Küche, um den Kindern gesunde, frische, nahrhafte Eintöpfe, Hühner- und Nudelgerichte servieren zu können – und Marie pflegte drei Löffelchen zu nehmen und den vierten Bissen, den ihre Mutter ihr aufdrängte, zwei Stunden wie ein Hamster in der Backentasche zu lagern. Mein Sohn dagegen spachtelte die ungarische Hausmannskost offenbar derart begeistert in sich hinein, dass Tanja mich manchmal warnte, wenn ich ihn abholen kam: «Ich glaube, sein Bauch platzt bald!»

Nachdem das mit der Tagesmutter so hervorragend funktioniert hatte, kümmerte ich mich verstärkt um einen Babysitter für gelegentliche Ausgehabende mit Robert. Dafür war es höchste Zeit, sonst würde es in meiner eigenen amerikanischen

Fernsehserie nämlich bald keine Romantik mehr geben. Doch die Suche gestaltete sich bedeutend schwieriger als die nach der Tagesmutter.

Anfangs war ich noch ahnungslos. Während ich wieder einmal mit Rita und Addison und unseren Kinderwagen durch den Park walkte, fragte ich sie unschuldig, ob sie vielleicht einen Babysitter wüssten. Beide observierten angestrengt den Boden, als erwarteten sie, dort Pilze zu finden. «Jaaa, Baybsitter sind schwierig …», sagte Addison nur, und Rita rief: «Schau doch mal auf Maplewood-Online nach! Da haben wir unseren gefunden, und da inserieren alle Babysitter, die einen Job suchen!» Mir fiel ihr seltsames Verhalten erst später auf. Ich war Rita sehr dankbar für den Tipp, und dass es sich bei Addison nicht gerade um die gesprächigste MultiMutter handelte, war nichts Neues. Doch in der nächsten Zeit fielen mir in unserem Forum häufiger E-Mails mit ungefähr folgendem Inhalt auf: «HILFE! NOTFALL! Wir sind heute Abend beim Chef meines Mannes eingeladen, und unser Babysitter ist krank geworden. Kann mir jemand seinen leihen? ICH VERSPRECHE: Es handelt sich nur um dieses EINE Mal, ich werde ihn nicht klauen!!!!» Die Gründe waren verschieden, gemeinsam war allen E-Mails aber die Betonung eines Notfalls und die Versicherung, niemanden klauen zu wollen.

Ich begriff schließlich: Man fragt Mütter genauso wenig nach ihrem Babysitter wie die Coca-Cola Company nach ihrer Coke-Formel. Kein Wunder übrigens, dass die Spionagefrage so beliebt bei Umfragen unter Eltern ist. Auf der amerikanischen Website *babycenter.com* etwa antworten mehr als zwei Drittel, dass sie sich absolut vorstellen könnten, mit einer versteckten Kamera (die man in den USA natürlich mieten kann) heimlich ihren Babysitter zu beobachten. Nur acht Prozent äußern sich dagegen. Auf der deutschen Website wird diese Frage gar nicht erst gestellt. Dort werden außerdem ein paar Vorschläge gemacht, was man bei der Wahl einer Person zur Kinderbetreuung beachten sollte – auf der amerikanischen Seite hingegen findet sich eine Liste mit «Acht Zeichen, die auf einen schlechten Babysitter hinweisen».

Und so ist die Telefonnummer des eigenen, guten! Babysitters so ziemlich das einzige Tabuthema, das es unter amerikanischen Müttern zu beachten gilt. Man kann sich mit ihnen über Blähungen während der Schwangerschaft und die Häufigkeit, Konsistenz und Farbe des Windelinhalts von Neugeborenen austauschen, aber niemals, niemals bringe man sie in die Verlegenheit, nach ihrem Babysitter gefragt zu werden und nicht sagen zu dürfen, was sie in so einem Fall denken: «Meinen Babysitter willst du? Hast du nicht mehr alle Tassen im Schrank? Ich habe endlich jemanden gefunden, bei dem meine Kinder keine Übelkeit vortäuschen oder ich das verzweifelte Sirengeheul meines Babys noch bis zur nächsten Straßenecke höre. Ich habe endlich jemanden, bei dem ich mich nicht den ganzen Film oder das ganze Essen lang frage, ob sie sich und meinem Sohn wohl gerade einen Whiskey zur Beruhigung genehmigt oder ihn wieder aussperrt, während sie ihren Freund ins Haus holen will. Ich lebe in ständiger Angst, dass sie umziehen oder eine ansteckende tödliche Krankheit bekommen könnte (eine nicht ansteckende wäre okay, Hauptsache, sie kann zweimal im Monat vorbeikommen), oder einen besseren Job findet – und jetzt kommst du und willst sie mir wegnehmen? Was, wenn sie deine Kinder lieber mag? Oder du ihr abends bessere Getränke bereitstellst? Oder ihr einen größeren Fernseher habt? Und nein, ich kenne auch keine anderen Babysitter! Die gibt es nämlich nicht wie Windeln im Hunderterpack zu kaufen! Ich kenne nur diesen einen! Und der gehört mir! Mir, mir, mir!» Das ist er, der Babysitter-Monolog der Furcht.

Und so setzte ich mich, wie in Amerika üblich, für die Suche nach Babyzubehör vors Internet. Maplewood-Online ist das Online-Forum der Nachbarstadt Maplewood und gilt dank seiner Popularität und des extremen Lokalbezugs als echte *craigslist*-Alternative. Ich suchte mir drei der dreißig Inserate heraus, die keine Schreibfehler enthielten, deren Inserenten älter als 12 Jahre alt waren («bin sehr reif für mein Alter») und ausdrücklich ihren Spaß an Kindern erwähnten. In den meisten stand nur so etwas wie «Hi, ich bin Samantha und suche einen Job als Babysitter». Alle drei waren interessiert, und mit allen dreien machte ich ein Vorstellungsgespräch aus. Und mit allen dreien führte ich Busen-Interviews.

Die Standardkluft amerikanischer Collegestudentinnen – und das waren sie alle – ist ein enges, tief dekolletiertes T-Shirt. Auch wenn nicht viel Vorzeigemasse da ist, wird das vorhandene Fleisch von Spezial-BHs hochgepusht, bis es aussieht wie bei einer Wies'n-Kellnerin. Sehr irritierend. Vor allem, wenn man an die berühmte amerikanische Prüderie denkt. Und die extreme Sensibilität in Sachen Belästigung. Wobei – vielleicht hängt das eine mit dem anderen zusammen. Feministinnen mögen jetzt aufschreien, aber es ist wirklich sehr schwer, nicht auf derartige Dekolletés zu starren. Robert zum Beispiel lässt – wie alle anderen Professoren – prinzipiell die Tür seines Büros offen, wenn Studenten zu ihm in die Sprechstunde kommen. Wenn sie die Tür hinter sich schließen, bittet er sie, sie zu öffnen. Das ist ganz normaler Usus, sagt er. Er sagt auch, er hasse es, wenn Studentinnen mit einer kurzen Frage an ihn herantreten, während er sitzt. «Ständig hängt mir irgendein Busen vor dem Gesicht!»

Ich muss sagen, ich verstehe ihn, mit sexueller Attraktion hat das nichts zu tun. Es erforderte auch meine volle Konzentration, den Babysitteranwärterinnen ins Gesicht statt auf die

Brust zu sehen. «Was studiert denn Ihr Busen, äh, studieren Sie?» Ich würde niemals die Hälfte meiner Brüste zur Schau stellen, wenn ich mich um Kinderbetreuung bewürbe. Aber vielleicht war ich ja nur alt und spießig geworden.

Natürlich hatte ich dafür gesorgt, dass Finn wach und mit dabei war, wenn seine potenziellen Betreuerinnen vorsprachen. Aber mein Sohn ist einfach die reinste Rampensau – das winzigste Lächeln, und er geht für jeden in die Charmeoffensive. Er half also nicht gerade bei der Entscheidungsfindung. Und auch keines der Mädchen tat sich hervor, indem sie vor Entzücken über diesen Gigolo außer Rand und Band geriet – was mich fast so sehr irritierte wie ihr Busen, der Finn fast ins Gesicht klatschte, wenn sie sich denn einmal zu ihm hinunterbeugten. Keine schien besonders enthusiastisch zu sein. Aber auch da erwartete ich vielleicht zu viel von den jungen Leuten. Phlegma muss irgendwie mit Coolness zusammenhängen. Den Eindruck bekomme ich jedenfalls auch jedes Mal, wenn ich auf der Straße, auf Rolltreppen oder in Geschäften an Schülern vorbeimarschiere, die in Zeitlupe durch die Welt schlurfen.

Davon abgesehen, machten alle drei einen ordentlichen Eindruck, trotzdem waren die Treffen nur teilweise erfolgreich. Tara, die Erste, konnte an Wochenenden nun doch nicht, obwohl ich sie am Telefon ausdrücklich danach gefragt hatte. Tracy, die Zweite, suchte nur einen Job während der Semesterferien, und ich wollte die ganze Prozedur danach ungern noch einmal von vorne beginnen. Die Dritte, Sarah, rief nach einer Woche an und meinte, sie hätte nun doch den ersehnten Ferienjob im kalifornischen Disneyland bekommen. So blieb es vorerst bei Tracy.

Bis wir unseren Babysitter auf der Straße fanden. Ich lief die South Orange Avenue entlang und plauderte mit Finn.

«Dodo! Dodo!»

«Ja, da ist ein Auto.»

«Bobo! Bobo!»

«Ja, da ist ein Hund.» (Bobo ist die Finn-Form von *puppy*, Welpe, so nannte Robert alle Hunde vor Finn, und Finn nannte alle haarigen Tiere so, egal ob Hund, Eichhörnchen oder Katze.)

Da drehte sich ein junges Mädchen vor uns um und sprach mich begeistert an: «Sie sind auch deutsch?!» Monika war Au-pair in South Orange und zeigte sich ordnungsgemäß entzückt von Finn, sodass ich sie spontan fragte: «Du willst nicht zufällig babysitten?» Monika wollte sich gern am Wochenende noch ein paar Dollars dazuverdienen. Geistesgegenwärtig ließ ich mir die Nummer ihrer Gasteltern geben, um Referenzen einzuholen, die Tatsache, dass sie eine sympathische Deutsche war, musste ja schließlich nicht bedeuten, dass sie Finn nicht Whiskey zur Beruhigung einflößen würde oder heimlich ihren Freund in unser Wohnzimmer holte. Zumindest war sie anständig angezogen, nämlich im deutschen Studenten-Schlabberlook. Die Gasteltern zeigten sich begeistert, und so wurde Monika aufgrund eines Fünf-Minuten-Vorstellungsgesprächs vor Dunkin' Donuts unser Babysitter. Ich war sehr froh, dass jetzt noch jemand Deutsch mit Finn sprach und ihm das nicht irgendwann einmal als die seltsame Sprache erscheinen würde, in der nur seine Mama ständig plapperte.

Dieser Grund war es auch, der dazu führte, dass ich eines Tages doch in einer deutschen Spielgruppe landete. Eigentlich wollte ich mich von Deutschen ja unbedingt fernhalten. Das gehörte zu meinem Assimilierungsprogramm, ich war schließlich nicht in Amerika, um unter meinesgleichen herumzuhängen. Obwohl diese Beschränkung zugegeben auch ein bisschen albern ist: In Berlin hätte ich es schließlich ungeheuer cool gefunden, englische, australische oder südafrikanische Mütter kennenzulernen – hier aber zählten sie irgendwie nicht, waren irgendwie weniger wert, weil sie mich daran erinnerten, dass ich es nicht geschafft hatte, Einheimische kennenzulernen. Hier durften es höchstens hispanische oder asiatischstämmige Amerikaner sein. Ganz oben auf der Skala standen afroamerikanische Mütter – aber das war, merkte ich schnell, in South Orange unmöglich. Alle Schwarzen waren hier Nannys, und auf den Spielplätzen herrschte eine unsichtbare Schranke zwischen Nannys und Müttern, die nur für höflichen Smalltalk durchbrochen werden durfte. Und zwar von beiden Seiten aus. Das war wie in *Das Haus am Eaton Place,* der alten BBC-Serie, wo sich die Dienerschaft von Lord und Lady Bellamy genauso erschrocken über nähere Kontaktaufnahme durch die Bellamys zeigt wie umgekehrt.

Die deutsche Mutter Susanne lernte ich eines Tages im Kinderbetreuungsraum meines Fitnessclubs kennen. Als ich wieder einmal verzweifelt versuchte, Finn von all den tollen tönenden und blinkenden Spielsachen wegzulotsen, um ihn wieder mit nach Hause zu nehmen – so langsam fragte ich mich, ob ich mir über das mangelnde Fremdeln dieses Kindes vielleicht Sorgen machen sollte –, sprach mich eine andere Mutter genauso begeistert auf Deutsch an wie Monika auf der Straße: «Hey, noch eine Deutsche!»

Ja, die lassen sich bekanntlich nirgendwo auf der Welt vermeiden. Meine türkischen Verwandten witzeln gerne, dass sie noch in der tiefsten Höhle Kappadokiens auf deutsche Urlauber zu treffen pflegen. Eine von Roberts Lieblingsbeschäftigungen in New York (und nicht nur dort, sondern auch in Nationalparks, Museen und Fastfoodrestaurants) ist «Deutscheraten»: Sieht er zum Beispiel große blonde Frauen oder Männer mit

Socken in den Sandalen, flüstert er «Your people?», und dann muss ich mich unauffällig heranpirschen und der Konversation lauschen. Er ist inzwischen ein echter Profi. In Collegebibliotheken oder bei Starbucks (da haben amerikanische Studenten, die fast immer in Wohnheimen leben, ihr Büro) erkennt er Deutsche am Mäppchen: «Mäppchen sind typisch deutsch!» Diese anthropologische Entdeckung machte er in der Berliner Staatsbibliothek, wo er große Teile seiner Doktorarbeit verfasst hat. Deutsche Studierende würden ihre Schreibutensilien immer in irgendwelchen Behältern mit sich tragen und vor Arbeitsbeginn schön ordentlich neben ihren Büchern platzieren.

Manchmal kann ich auf Amerikas Straßen allerdings auch triumphierend von meinen Lauschangriffen zurückkehren und ihm verkünden: *«Scandinavians!»* oder *«rednecks»*. *«Rotnacken»* sind so eine Art amerikanische Spießer, Landratten, oft aus dem Süden oder Mittleren Westen, der Name sollte ursprünglich auf den extensiven Aufenthalt von Arbeitern im Freien verweisen, wobei *rednecks* dem deutschen Campingurlauber tatsächlich verblüffend ähnlich sehen.

«Ja, noch eine Deutsche!», antwortete ich Susanne genauso begeistert. Der Klang der eigenen Sprache löste bei mir unwillkürlich Freude aus, da konnte ich noch so strikte Grundsätze haben. Susanne hatte einen Sohn, Timmy, der fast genauso alt war wie Finn. Gemeinsam verließen wir das Spielzimmer in Richtung Ausgang und Parkplatz. «Ich bin übrigens die Susanne!» – «Iris.» – «Und was hat dich hierher verschleppt?» Ich lieferte eine Zusammenfassung und erfuhr, dass auch Susanne mit einem Amerikaner verheiratet war, einem ehemaligen in Deutschland stationierten Soldaten, und ihn ebenfalls in Las Vegas geheiratet hatte. Schließlich tauschten wir Telefonnummern aus, Susanne war nämlich gerade dabei, mit jeder deutschen Mutter, die ihr vor die Nase lief, eine Spielgruppe zu gründen. «Ich ruf dich an!»

So saß ich einen Monat später mit vier anderen Deutschen und ihren amerikanisch-deutschen Kindern auf Susannes Teppich und unterhielt mich über «die Amerikaner». Genau das hatte ich vermeiden wollen. Ketzerisch erwähnte ich irgendwann im Laufe des Gesprächs meinen Vorsatz, mich von Landsleuten eigentlich fernhalten zu wollen. «Na, viel Glück!», sagte Babette, eine Vegetarierin, die nur organische Kleidung trug und an ihrem erstaunlichen Busen abwechselnd ihren sechs Monate alten Sohn und die zweieinhalbjährige Tochter stillte. «Ich lebe jetzt seit zwei Jahren hier und kenne gerade einmal zwei Amerikaner.» – «Die Amerikaner» seien nämlich ziemlich oberflächlich.

Normalerweise bekomme ich bei dieser Aussage sofort einen Anfall. Aber normalerweise kommt so ein Satz auch von deutschen Amerika-Urlaubern, die sich nach zwei Wochen USA oder einem Wochenende New York darüber beklagen, keine Freundschaften fürs Leben geschlossen zu haben. Dann frage ich mich (und mein Gegenüber), wie viele Deutsche wohl auf Schloss Neuschwanstein, in einem Münchener Biergarten oder der Kuppel des Reichstags in Berlin Blutsbrüderschaft mit Bill aus Texas oder Hannah aus New Hampshire geschlossen haben.

Hier aber klagte jemand, der immerhin seit zwei Jahren am amerikanischen Alltag teilzunehmen schien. Also sagte ich erst einmal nichts. Nach ein paar Treffen allerdings stellte sich heraus, dass Babette derart viele Grundsätze hatte, dass ich mich fragte, wo in ihrem prinzipientreuen Leben sie überhaupt Platz für Freunde hatte, die weder in der Friedensbewegung aktiv gewesen noch Vegetarier oder Buddhisten waren und keine Kurse für Babymassage, Spanisch und Kuchendekoration besuchten. Da blieben wirklich nicht viele Amerikaner übrig.

An der deutschen Müttergruppe nahm ich nur unregelmäßig teil, auch, weil die Teilnehmerinnen noch keinen festen Termin gefunden hatten und sich oft an Tagen trafen, an denen Finn bei Tanja war. Außerdem musste ich so langsam meine Gruppenaktivitäten beschränken, sonst würde ich auch noch Visitenkarten verteilen.

Seit Finn über ein Jahr alt war und angefangen hatte zu laufen, war ich aus der «Neue Mütter»-Gruppe zu den «Toddlern» gewechselt, also den Müttern von Kleinkindern, die dem Babyalter entwachsen sind und sich zweibeinig durch die Welt bewegen. *Toddler* heißt «Watschler» oder «Tapser» und ist deshalb eine sehr treffende Bezeichnung, viel schöner als Kleinkind. Als das Wetter wärmer wurde, beschlossen wir in unserer Gruppe, eine Spielplatz-Tour anzusetzen: Jede Woche wollten wir uns auf einem anderen Spielplatz treffen.

Es war wirklich erstaunlich, wie viele davon es in unserer Gegend gab. Sicher waren da die alten Bekannten wie jener neben dem Ententeich oder der am Freibad, aber immer wieder schlug eine Mutter einen vor, von dem wir anderen noch nie gehört hatten. Unseren Hauptteilnehmern war natürlich völlig egal, wo wir uns trafen. Finn etwa brauchte zu seinem vollkommenen Glück neuerdings im Grunde nichts anderes als die Plastikteile auf der Wiese neben unserem Parkplatz, in denen sich regelmäßig Wasser sammelte, das er mit Stöckchen und Steinchen traktierte. Die Kita der benachbarten Kirche hatte dort einen kleinen Plastikspielturm mit Rutsche aufgestellt, der eines Morgens in seine Einzelteile zerlegt dalag und nie wiederaufgebaut wurde. Vielleicht ging es den Kita-Kindern ja wie meinem Sohn: Mit den Einzelteilen hatte er bedeutend mehr und unendlich viel länger Spaß als mit den drei Stufen und der Rutsche, die zuvor als Hauptbeschäftigung vorgesehen waren.

Spielplätze, so habe ich den Verdacht, gehören für Eltern von Kleinkindern in dieselbe Kategorie wie 90 Prozent aller Spielwaren: Ihre immer neue Auswahl, Anschaffung und Nutzung ist in erster Linie Beschäftigungstherapie für Mütter und Väter und damit gut für ihr Seelenheil. Das beweist zum Beispiel auch das Phänomen, dass selbst die konsumresistentesten Eltern spätestens nach dem ersten Geburtstag ihres Augensterns, nachdem sie also Blut geleckt haben, regelmäßig in Spielzeugläden anzutreffen sind. Und dort wedeln sie aufgeregt mit pädagogisch wertvollem oder sie an ihre eigene Kindheit erinnerndem Firlefanz vor dem Kind herum, das derweil hochkonzentriert versucht, Mamas oder Papas Autoschlüssel in eine leere Tempo-Taschentuchtüte zu stecken. Robert und ich sind da keine Ausnahme.

Und so gab auch unsere kleine Sightseeing-Runde vor allem uns Müttern das gute Gefühl, ein kleines Projekt zu verfolgen. Während wir unserem Nachwuchs hinterherhechteten, um ihn davor zu bewahren, im Krabbeltunnel stecken zu bleiben, von der Hängebrücke zu fallen oder die Spiralrutsche rücklings und mit dem Kopf zuerst zu beenden, entwarfen wir bereits eine Website, auf der wir erst sämtliche Spielplätze der Gegend, dann des Staates und schließlich ganz Amerikas aufführen und bewerten würden.

Bis zu dem Tag, an dem wir zum zweiten Mal auf demselben Spielplatz gelandet waren und plötzlich eine ganz neue Mission hatten: Es galt, ein Kind vor der schrecklichsten Nanny der Welt zu retten.

Eines Mittwochs war der Spielplatz schräg gegenüber unserem Wohnblock an der Reihe. Grove Park ist eigentlich eher eine mittelgroße Grünfläche mit einem ovalen Asphaltpfad, der vor allem morgens von sehr, sehr dicken und oft tschador-ähnliche Gewänder tragenden schwarzen Frauen für Walking-Runden benutzt wird. Manche tragen dabei Kopfhörer, die meisten ihr Handy am Ohr, einige laufen auch zu viert neben-einander und unterhalten sich. Meine Joggingrunde beginnt ebenfalls dort, manchmal lächeln wir uns zu. Es ist eine fried-liche Routine, die den Grove Park frühmorgens beherrscht. Etwas später füllt sich dann der dortige Spielplatz. Es ist eine ziemlich alte, braungraue und nicht besonders aufregende Anlage, aber sie liegt sehr schön zwischen alten Bäumen, und Finn reicht sie vollkommen. Außerdem ist er hier zum ersten Mal eine Rutsche hinuntergerutscht, ganz allein, und ein der-artiges Ereignis ist für Eltern fast so erinnerungswürdig wie ihr erster Kuss.

Unsere Runde versammelte sich wie üblich um halb drei. Wir waren zu fünft und verteilten uns bald über alle Ecken des kleineren Spielgerüstes, das für jüngere Kinder gedacht war. Schließlich mussten wir in der Nähe unserer furchtlosen, aber nicht immer sehr koordinierten Tapser bleiben. Nach den üblichen gegenseitigen Anstarr-Minuten – Babys und Toddler interessieren sich *füreinander*, sie spielen nicht *miteinander* – erkundeten sie das Angebot: drei Ebenen, von dem eine kur-ze, breite Rutsche abging, und ein kleiner Tunnel, den man ebenfalls hinunterrutschen kann. Vor allem aber Stöckchen, eine leere Plastikflasche und eine alte Erdnusstüte unter dem Gerüst.

Auch die größere Anlage für ältere Kinder, mit mehr und längeren Rutschen und Kletterstangen sowie einer Tunnel-landschaft, war bereits gut besucht. Und wie üblich saßen ihre Betreuerinnen auf den Bänken daneben. Die hatten es gut, die konnten ungestört telefonieren oder miteinander schwatzen, eine saß sogar neben einem Kinderwagen und blätterte in einer Zeitschrift.

Wobei ich mir eigentlich fest vorgenommen habe, solange mein Sohn auf dem Spielplatz nicht wirklich mit anderen Kindern spielt, stets mit ihm das Gelände zu erobern – das ist für mich schließlich auch aufregender, als nur herumzusitzen und mich aus Achtsamkeit sowieso auf keine andere Beschäftigung wirklich konzentrieren zu können. Und Finn findet es auch viel spaßiger, wenn er mir jedes einzelne Stöckchen vor die Nase halten kann oder ich ihn am Fuß einer halben Meter langen Rutsche mit großem Hallo begrüße. Deshalb scheine ich auch immer ein großer Hit auf amerikanischen Spielplätzen zu sein – eine echte Erwachsene, die mit herumklettert! Regelmäßig pirschen gelangweilte, einsame Knirpse und Knirpsinnen sich an mich heran und beginnen ein Gespräch, während die eigene Nanny oder auch Mutter, ungerührt auf der Bank sitzend, weitertelefoniert. Nur gegen Väter komme ich nicht an. Die beteiligen sich nämlich auch immer als Kotrainer und gelten als noch cooler – auch bei Finn, der mich und sogar sämtliche Stöckchen links liegenlässt, sobald er einen Vater auf dem Spielplatz mit seinem Kind herumalbern sieht.

Auch dieses Mal kam ein kleiner Junge herüber zum Gerüst der Kleinen. Er hatte modisch auf zottelig geschnittene braune Haare und trug ein langes dunkelbraunes T-Shirt über einer schwarzen Hose – er sah aus wie das Miniatur-Mitglied einer Britpop-Band, war aber bedeutend zutraulicher als Popsänger im Allgemeinen. Innerhalb kürzester Zeit hatten wir erfahren, dass er George hieß, schon vier Finger alt war und zu Hause einen riesigen Elefanten namens Barney hatte. George war sehr höflich und ganz reizend zu unseren Kleinen, sodass wir ihn sofort in unsere Herzen schlossen und uns an seine Anwesenheit schon völlig gewöhnt hatten, als nach einiger Zeit Sandra (aus der Neue-Mütter-Gruppe, die mit Lilly bereits vor einiger Zeit zu den Toddlern umgezogen war) Lilly ein paar Trauben gab und George so sehnsüchtig auf die Früchte blickte, dass Sandra ihm auch welche anbot. Worauf er sich mit einer Gier darauf stürzte, die Sandra ausrufen ließ: «Na, da hat aber jemand ganz großen Hunger!» George nickte mit Hamsterbacken voller Trauben. «Mjamjam!», kommentierte Finn, der unserer Unterhaltung seit dem Erscheinen der Snacks gebannt gefolgt war.

«Sag doch mal deiner Mama Bescheid!», schlug Sandra vor, und leise zu uns gewandt: «So viel hab ich nämlich für Lilly auch nicht dabei ...»

«Mama arbeitet», antwortete George. Wir erschraken. Tatsächlich hatte sich seit mindestens einer halben Stunde niemand um ihn gekümmert – normalerweise kommen die Mütter fremdgehender Kinder nach kurzer Zeit hinzu, und man macht etwas Smalltalk.

«Und wer ist mit dir in den Park gekommen?», fragte Jessica. Stumm zeigte George in Richtung der Parkbänke. «Deine Nanny?», fragte Jessica. George nickte. Ein junges Mädchen saß dort und beschäftigte sich hochkonzentriert mit einem elektronischen Gerät in ihrer Hand, das wie ein Smartphone oder ein Taschen-Nintendo aussah. «Vielleicht hat die ja was für dich zum Essen dabei.» George schüttelte den Kopf und fing an, sich um eine Kletterstange zu drehen. «Wir haben alle Taschen zu Hause gelassen», informierte er uns. Wir blickten uns erstaunt an. Eine Nanny, die ohne einen Jahresvorrat an Snacks und Getränken den Spielplatz besuchte? Sogar Väter hatten zumindest immer etwas zu trinken dabei!

Finn war inzwischen zu Lilly hinübergewatschelt und griff nach ihren Trauben. Schnell kramte ich in der Wickeltasche nach seiner *snack trap*, einer der genialeren amerikanischen

Babybedarfserfindungen: eine Art Kunststofftasse mit zwei Henkeln und einem abnehmbaren Deckel aus weichem Plastik, der wie ein Kuchen sternförmig eingeschnitten ist. Das Kind kommt also an den Inhalt selbst heran, kann ihn aber nur mit viel Mühe verschütten. Finn stieß beim Anblick der *snack trap* wie gewöhnlich sein erwartungsfroh meckerndes Lachen hervor und änderte sofort die Richtung. Ich sah, wie George ihn beobachtete, und kramte nach ein paar Keksen, die ich ihm anbieten konnte.

Schließlich hatte jede von uns die Hälfte ihres Vorrats an den armen George verfüttert, der uns dafür mit einer sehr selektiven, aber detaillierten Schilderung eines Zeichentrickfilms unterhielt, in dem ganz viele Katzen vorkamen, die singen konnten und im Fluss ertranken. Marianne, die noch eine sechsjährige Tochter hatte, tippte fachmännisch auf *Aristocats*. George wollte uns gerade vormachen, wie die Katzenjungen gerettet wurden, als er stolperte und mit der Stirn gegen eine Kletterstange stieß. Er blieb einfach sitzen und weinte. Als wir ihn umringten und fragten, ob wir schnell seine Nanny holen sollten, schüttelte er den Kopf und wimmerte nur leise, ließ sich aber willig von uns trösten. Lilly, Finn und die drei anderen Toddler standen unruhig in zweiter Reihe und riefen «o-oh!». Georges Nanny rührte sich nicht. Inzwischen musste über eine Stunde vergangen sein, in der sie kaum von ihrem Gerät aufgeblickt hatte.

Irgendwann entdeckte George einen gleichaltrigen Spielkameraden am Klettergerüst für die Großen und lief schnell hinüber. Wir begannen sofort, uns über seine Betreuerin aufzuregen. «Deshalb habe ich aufgehört zu arbeiten!», sagte Nadine. «Da muss ich mir nie Gedanken darüber machen, wem ich meine Kinder anvertraue.» Nadine war die Mutter der Zwillinge David und Hannah, die offensichtlich wie Napoleon mit vier

Stunden Schlaf pro Nacht auskam. Der Rest der Zeit war mit kriegsstrategischer Akkuratesse durchgeplant: Bio-Menüs kochen, Puppenhäuser basteln, Musikschule besuchen, Kindergarten-Vorauswahl treffen, Sonderangebote vergleichen, Haus putzen, Garten umgraben. Nadine hatte bestimmt auch eine Visitenkarte, auf der «CEO David & Hannah Inc.» stand. Ich hasste und bewunderte sie gleichermaßen.

«Eine Freundin von mir in Brooklyn ist Mitglied bei *howsmynanny.com* geworden», erzählte Jessica. Wir schauten sie fragend an, und sie erklärte: Das sei eine Website, die eine New Yorker Staatsanwältin für sexuelle Straftaten und zweifache Mutter ins Leben gerufen habe. Man registriere sich gegen eine Gebühr und bekomme dann eine kleine Plakette mit einer Nummer, die man am Kinderwagen anbringen könne. Und wenn die Nanny damit unterwegs sei, könne jeder, dem etwas Verdächtiges an ihr auffalle, das unter Angabe der Nummer auf dieser Website melden. «Die spinnen, die Amis», dachte ich entsetzt, sagte aber lieber mal nichts. Zum Glück rief Sandra sofort: «Mein Gott, ich könnte das meiner Nanny nie und nimmer antun!» – «Aber man hört so viele Horrorstorys über faule Nannys!», verteidigte Jessica ihre Freundin.

«Vielleicht werden sie unterbezahlt?», wagte ich mit meiner typisch deutschen Zurückhaltung gegenüber der Beschäftigung von Dienstpersonal einzuwenden. Jedes Mal, wenn ich die Nannys im Central Park sah, dachte ich mir nämlich: «Ihr Armen! Den ganzen Tag von neurotischen Upper-East-Side-Müttern und ihrem verwöhnten Nachwuchs schikaniert werden, aber trotzdem schön brav einen Kinderwagen durch die Gegend schieben müssen, der wahrscheinlich doppelt so viel kostet, wie ihr im Monat verdient.» Ganz natürlich, dass man seinen Job da irgendwann nur noch frustriert absaß.

«Das ist ja wohl kein Grund, nicht ordentlich auf ein unschuldiges Kind aufzupassen», rief Nadine, und auch Sandra widersprach: «Von wegen unterbezahlt! Vollzeit-Nannys verdienen durchschnittlich 500 Dollar pro Woche.»

Oh. Sie konnten sich also vier Kinderwagen pro Monat leisten. Und Sandra fuhr fort: «Manche Profis, die sich einer Agentur angeschlossen und spezielle Erfahrungen haben, bis zu 2000 Dollar pro Woche!» Wir beschlossen alle, sofort Nannys zu werden.

George aber war nicht vergessen. Drei Tage später tauchte im MultiMütter-Forum eine Nachricht von Sandra auf: «Die Toddler-Gruppe hat am letzten Mittwoch im Grove Park eine unschöne Erfahrung mit einer sehr nachlässigen Nanny gemacht. Die Sache ging mir nicht mehr aus dem Kopf, aber was soll man machen? Heute habe ich George, den kleinen Jungen, um den es ging, wiedergetroffen: im Supermarkt, wie er ganz allein vor den Kassen im Einkaufswagen saß. Seine Nanny sei einkaufen, sie seien in Eile, so ginge es schneller, habe sie gesagt. Das ist doch ungeheuerlich! In den zehn Minuten, die ich an den Kassen war, habe ich sie kein einziges Mal gesehen! Ich würde sie ja ansprechen, aber sie scheint nicht der Typ zu sein, bei dem das was bringt. Ich finde, die Eltern müssen informiert werden. Von George weiß ich, dass sie Maria heißt. George ist vier Jahre alt und ein niedlicher Junge mit hellbraunen, halblangen Haaren. Seinen Nachnamen habe ich leider nicht wirklich verstehen können. Kennt hier im Forum zufällig jemand die Familie?»

Sandras Nachricht löste einen Sturm der Empörung aus. «Unglaublich! Mir ist so ein Junge mal auf dem Spielplatz neben den Tennisplätzen aufgefallen, aber seine Nanny war eine Schwarze. Ist Maria schwarz?» – «Typisch Grove Park, da lungern doch ständig zwielichtige Gestalten herum!» (Jetzt war ich empört.) «Super, Sandra, dass du dich so engagierst, wir müssen als Gemeinde in solchen Sachen zusammenhalten!» – «Ich kenne einen George, aber der ist fünf und leicht autistisch. Ich kann dir die Adresse geben!» Maria war keine Schwarze und George kaum autistisch. Keine der E-Mails war besonders hilfreich, und Sandra gab geknickt auf.

Am folgenden Dienstag schickte Karen, die Organisatorin unserer Gruppe, wie üblich eine Erinnerungsmail, in der sie den Spielplatz für den nächsten Tag ankündigte. Gleichzeitig wurden die Treffen jede Woche auch im öffentlichen Multi-Mütter-Kalender gelistet, da es sich um ständig wechselnde Teilnehmer handelte. Und in diesem Kalender veröffentlichte Karen aus Versehen den Spielplatz der letzten Woche, Grove Park. Als sie ihren Irrtum bemerkte, war es schon später Abend, und um zu vermeiden, dass einige neue Mitglieder zum falschen Treffpunkt kamen, schickte sie uns hartem Kern eine Korrektur: Wir würden uns noch einmal im Grove Park treffen.

So landeten wir wieder an dem graubraunen Spielturm mit der Rutsche und dem Mini-Tunnel. Natürlich war George sofort Gesprächsthema, und wir trauten unseren Augen kaum, als er plötzlich erwartungsvoll vor uns stand: «Hallo!»

Es folgten wieder fast zwei Stunden, während deren er von uns mit Snacks versorgt wurde – Nadine hatte sogar eine Extratrinkflasche dabei, die sie ihn benutzen ließ – und in denen Maria kein einziges Mal Kontakt mit ihm aufnahm.

«Wir müssen etwas unternehmen!», sagte Karen.

«Wir müssen rauskriegen, wer seine Eltern sind!», nickte Nadine.

Ich war begeistert – ein Kriminalfall in meiner eigenen amerikanischen Fernsehserie! Und ich musste den anderen Müttern recht geben, schließlich würde ich es auch wissen wollen, wenn Tanja sich so um Finn kümmern würde wie

Maria um George. Wie glücklich wir uns mit Tanja schätzen konnten!

«Du wohnst doch gleich um die Ecke», wandte Nadine sich an mich, «du könntest sie verfolgen und ihre Adresse herausfinden.» Ich schluckte. So begeistert war ich nun auch nicht.

«Was, wenn sie mit dem Auto da ist?», wandte Sandra ein.

«Der Bruder eines Kollegen meines Mannes ist Polizist, der könnte uns mit dem Nummernschild weiterhelfen!», rief eine Mutter, die zum ersten Mal dabei war.

«Und wenn es Marias eigenes Auto ist?»

Ich staunte. Das waren ja die reinsten Profis. Hatten die alle ihre eigene amerikanische Fernsehserie?

«Ich habe eine Idee!», sagte Marianne. «Ich gehe zu Maria hin und erzähle, dass Lucy sich mit George angefreundet hat.» Lucy war ihre sechsjährige Tochter. «Dann frage ich sie nach der Telefonnummer von Georges Eltern, damit wir für die beiden eine Verabredung treffen können. Das passiert ständig, Lucy fragt auf Spielplätzen andauernd irgendwelche Eltern nach ihren Telefonnummern!»

«Aber Lucy ist doch gar nicht hier», wandte Nadine ein.

«Na und? Als ob Maria das bemerken würde. Und wenn, sage ich, es war letzte Woche!»

Der Plan wurde einstimmig angenommen. Sandra und Jessica lenkten George ab, damit er nicht mitging und womöglich fragte, wer denn Lucy sei. Der Rest von uns beobachtete so unauffällig wie eine Horde japanischer Touristen, wie Marianne zu Maria hinüberging und mit ihr redete. Drei Minuten später kam sie mit einem Grinsen und einem Zettel in der Hand zu uns zurück.

Vier Tage später erreichte uns eine Mail von Marianne: «Ich habe mit Georges Mutter gesprochen! Eine ganz reizende Frau.

Sie meinte, Maria sei erst seit zwei Monaten ihre Nanny und sie würde sich ganz bestimmt darum kümmern. Sie hat mir übrigens tausendmal für unsere Einmischung gedankt!»

Wieder antworteten Dutzende Mütter mit erleichterten und begeisterten E-Mails. Eine gewisse Sharon schrieb: «Ich habe mir heute meine Plakette bei *howsmynanny.com* bestellt.»

George sahen wir allerdings nicht wieder. Obwohl ich ein paarmal absichtlich erst am Nachmittag statt wie üblich vormittags mit Finn zum Grove Park ging.

Schließlich aber bekam meine Fernsehserie doch noch ihr idyllisches Schlussbild. Einen Monat später schrieb Sandra eine Mail: «Ich habe im Supermarkt wieder George getroffen! Er saß vergnügt quietschend in einem Einkaufswagen, und eine junge schwarze Frau rannte mit ihm den Gang mit den Getränken entlang!» Wir jubelten.

Nur Nadine schrieb sofort zurück: «Ich kann dir gar nicht sagen, wie erleichtert ich bin. Auch wenn man mit Kindern im Einkaufswagen nie rennen sollte, das ist sehr gefährlich.»

Die Folge, in der mich mein türkischer Geist nervt

Ein großer Nachteil Amerikas ist, dass es hier so wenig Türken gibt. Ich war ja vollauf mit meinem Deutschsein und Amerikanischwerden beschäftigt, aber gelegentlich vermisste ich die Türkei sehr. Wenn wir in New Yorks wunderschönen Botanischen Garten fuhren, der wie New Yorks größter Zoo in der Bronx liegt, zum Beispiel. Die Bronx ist ein toller Stadtteil – allerdings kenne ich nur die Gegend um die beiden Familien- und Touristenattraktionen an einem Sonntagnachmittag und nicht die Nebenstraßen nachts um elf.

Tagsüber erinnert die Bronx mich sehr an Istanbul, wobei man für «Istanbul» synonym wahrscheinlich auch «Palermo» oder «Damaskus» oder «Mexico City» einsetzen könnte, je nachdem, welche anderen südländischen Städte man mit dieser ganz besonderen und sehr unamerikanischen Atmosphäre verbindet: Die Straßen sind gesäumt mit Restaurants, Cafés und Läden für «extrabillige!» Fernseher, Lederwaren oder Kleidung. Auf den Gehsteigen verkaufen Händler DVDs, Bücher und Handyaccessoires, bei schönem Wetter steht die Hälfte der Türen und Fenster auf, und auf Treppenstufen schwatzen dicke Frauen mit zigaretterauchenden Männern. Die Lebensmittelgeschäfte sind genauso eng und vollgestopft wie in der Türkei, und auch die Bäckereien sehen im Prinzip genauso aus, wie ich sie aus Izmir kenne: wie schmucklose Verlängerungen der Backstube, wo die Bleche mit Sesamringen, Teigtaschen oder Baklava einfach nur in die Vitrinen geschoben wurden, ohne Namensschildchen und Preisetikett.

Es gibt hier nur ein kleines Problem: Die meisten Lokale sind italienisch und viele der Bäckereien albanisch. Als gelegentlicher Türkeiurlaubsersatz mochte die Bronx ja funktionieren – ich aber wollte mehr. Die Türkin in mir fand sich nämlich neuerdings ungeheuer wichtig und meldete sich, seit ich in den USA lebte, besonders gern zu Wort. In meiner eigenen amerikanischen Fernsehserie würde sie mir als mein zweites Ich erscheinen, mir ab und zu auf der anderen Seite von Finns Hochstuhl gegenübersitzen oder hinter einer Person auftauchen, mit der ich mich gerade unterhielt, und bissige Kommentare abgeben. Sie würde aussehen wie eine schickere Version meiner selbst: mit perfekt frisierten Haaren, sorgfältig geschminktem Gesicht, in dem die Augen dunkel betont waren, sehr weiblicher, fließender Kleidung und etwas Schmuck für das orientalische Flair. Mit anderen Worten, sie würde aussehen, wie ich mir mich als moderne Istanbulerin mit den typischen Ansprüchen der modernen Istanbulerin an sich selbst wünschen würde.

Als solche säße sie dann zum Beispiel zu Hause auf dem Wohnzimmersofa, liebevoll meinen alten Wum streichelnd. (Kleiner Hinweis für alle Spätgeborenen, die die Quizshow *Der große Preis* mit Wim Thoelke nicht mehr kennen: Wum war ein vom großen Satiriker Loriot erschaffener weißer Zeichentrickhund, mit dem Thoelke im Laufe der Sendung einen spaßigen Dialog führte. An dessen Ende machte sich Wum immer einen Knoten in sein schwarzes Schlappohr und erinnerte die Zuschauer daran, auch ja den Abgabeschluss für die Lotterie der «Aktion Sorgenkind» nicht zu vergessen.)

Mein Stoff-Wum, aus dessen linker Naht am Ohr inzwischen die Füllung herausguckt und der regelmäßig seine bereits ein Dutzend Mal wieder angeklebte Hundenase verliert, hatte seinen festen Platz bei meiner türkischen Oma und Großtante.

Wim und Wum waren heißgeliebter Bestandteil unserer Samstagabendunterhaltung, weshalb mich eines Wochenendes bei der Ankunft bei Oma und Teyze besagter Stoffhund begrüßte – und fortan bei allen Besuchen Tisch und Bett mit mir teilte. Nach Hause nahm ich ihn nie – Wum gehörte eindeutig zu Oma und Teyze, in den türkischen Teil meines Lebens. Und jetzt saß er auf Finns Wickelkommode, und jedes Mal, wenn mein Sohn nach ihm griff und liebevoll «bobo!» säuselte, wurde mir ganz warm ums Herz.

Deshalb würde mein türkisches Ich immer Wum auf dem Schoß haben, wenn es mir erschien, um mir wegen Finn ins Gewissen zu reden. Das war nämlich eine ihrer Aufgaben: Sie erinnerte mich regelmäßig an die Erziehungsgrundsätze meiner türkischen Oma. Wenn ich etwa schlechte Laune hatte und Finn neugierig ein Glas vom Tisch fegte, das ich unachtsamerweise halbvoll am Tischrand hatte stehenlassen. Gerade wenn ich genervt anfangen wollte, über die Scherben und den Fleck zu schimpfen, erinnerte mein türkischer Geist mich an meine Oma – die mich früher in solchen Fällen wegen meines Schreckens zu trösten pflegte und mit Blick auf die Scherben nur ihr türkisches Sprüchlein aufsagte: «Hauptsache, deine Seele ist heil!»

Nicht dass meine Mutter mir nicht auch als Vorbild in Sachen Kindererziehung dient. Als Betroffene sage ich nicht erst, seit ich selbst ein Kind habe: Sie hat ihre Sache ganz großartig gemacht. Und was zum Beispiel Konsequenz und spielerische Pädagogik angeht, mache ich ihr heute vieles nach. Aber meine türkische Oma war – nun ja, war Oma eben, so eine aus dem Märchen, mit grauem Dutt, Engelsgeduld und einem steten Lächeln auf den Lippen. Den natürlich hellrot geschminkten Lippen, schließlich war sie auch eine türkische Dame. Wenn es darum geht, Gelassenheit zu zeigen, oder wenn ich lieber meinem Herzen folgen will anstatt all den Ratgebern, die mich davor warnen, mein Kind zu verwöhnen – dann denke ich an meine Oma.

Und ich wurde inzwischen immer besser in Sachen gelassener Erziehung. Statt alle Probleme in Ratgebern nachzulesen, traute ich mich, die meisten Ratschläge in den Wind zu schlagen und gelegentlich einfach einmal die bequemste Lösung zu wählen, anstatt mir Sorgen zu machen, dass Inkonsequenz einen Diktator und Gemüsemangel einen Gewaltverbrecher aus Finn machen würden. Ich hatte mich nämlich längst zum größten Fan meines Sohnes entwickelt. Adieu, ironische Distanz. Willkommen, Finn-Foto-Bildschirmschoner, Finn-Foto-Desktophintergrund, Finn-Foto auf dem Handy. Manchmal dachte ich sogar daran, meine persönliche amerikanische Fernsehserie in *Mein Engel auf Erden* umzubenennen. Warum? Ganz einfach: weil die Kommunikation immer besser klappte. Auch da sind sich Mütter und Einwanderer in Bezug auf ihr Kind bzw. ihre neue Heimat erstaunlich ähnlich: Je besser man sich gegenseitig versteht, desto vertrauter wird man. Ich wusste inzwischen, wie mein Sohn tickte, und aus seinem sehr chinesisch klingenden Deutsch-Englisch-Gebrabbel kristallisierten sich immer mehr dechiffrierbare Laute heraus. Außerdem hatte ich inzwischen genug Mütterforen gelesen, um zu erkennen, dass wir offensichtlich das pflegeleichteste Kind der Welt hatten.

Und schließlich war da wieder die Sache mit dem Schlaf: Seit vielen Monaten nun schon legten wir Finn abends nach ein paar Bilderbuchminuten in sein Gitterbettchen, streichelten und küssten ihn kurz und scherzten mit ihm, dann winkte er und sagte «bye-bye!» und sah uns friedlich dabei zu, wie wir das Zimmer verließen. Und das, obwohl wir doch monatelang bis zum Einschlafen an seiner Seite ausgeharrt hatten, was er deshalb angeblich mindestens bis zur Volljährigkeit von uns verlangen würde. Ja, Finn war inzwischen der wunderbarste Junge der Welt, und demnächst würde auch ich damit anfangen, nur noch E-Mails mit 20-Megabyte-Fotoanhängen meines Sohnes zu verschicken.

Die andere Aufgabe, die mein türkisches Ich wahrnahm, war, mich an die Erfahrungen zu erinnern, die mein Vater als Einwanderer machte, als er nach Deutschland kam. Schließlich bin ich jetzt in einer ähnlichen Situation – nur dass ich nicht mit gerade einmal 24 Jahren und lediglich einem alten Lederkoffer in der Hand auf einem fremden Bahnhof stand. Ich kam mit Kind zu meinem einheimischen Mann in eine fertig gemietete Wohnung, fand sofort herzliche Aufnahme in seinem netten Freundeskreis und sprach die Landessprache ganz passabel. Und doch: Manche Erfahrungen, glaube ich, teilen wir, selbst wenn der Unterschied zwischen der Türkei und Deutschland so ungeheuer viel größer gewesen sein muss als der zwischen Deutschland und Amerika.

Die Rückbesinnung auf die eigene Nationalität zum Beispiel. In Amerika fühle ich mich viel deutscher als in Deutschland, genau so, wie mein Vater sagt, er sei damals in Stuttgart mitunter ein stolzerer Türke gewesen als in der Türkei. Und wie mein Vater vermisse ich manchmal meine Muttersprache. So wie er dann zu den Gedichtbänden seiner türkischen Lieblingspoeten griff, so bin ich heute heilfroh, dass Robert mich davon überzeugt hat, beim Umzug meine gesamte Bibliothek mitzunehmen. «Ich lese doch sowieso ständig amerikanische Romane», hatte ich ihm widersprochen, «ich finde auch in deinem Land schon was zum Lesen!» Aber jetzt macht es mich glücklich wie ein Kind vor der Eisvitrine, wenn ich vor meinen Bücherregalen stehen und mir überlegen kann, ob ich endlich einmal Sven Regeners dicke Herr-Lehmann-Romane lesen soll oder bequem durch die deutsche Übersetzung eines skandinavischen Krimis fliegen will, oder wieder einmal zu meinem großen Helden Thomas Mann greifen soll.

Ich genieße diese gelegentlichen Urlaube von der englischen Sprache – aber manchmal steht mein türkisches Ich dann hinter mir vor dem Regal und schnalzt vorwurfsvoll mit der Zunge: «Tstststs ... Weißt du denn nicht mehr, warum Papa sich damals in Deutschland so rasend schnell heimisch gefühlt hat? Du weißt doch, was er immer sagt: ‹Die Sprache zu lernen ist das A und O jeder Integration!›» Und dann erinnere ich mich an meinen auch durch meinen Vater geprägten Vorsatz, wenn ich schon in Amerika lebte, so tief wie möglich darin einzutauchen. Amerikanisches Fernsehen, amerikanisches Radio, amerikanische Zeitungen, amerikanische Bücher. Allein von den Gesprächen mit dem Ehemann werden die Sprachkenntnisse irgendwann nämlich nicht mehr unbedingt besser – das Vokabular ähnelt sich enorm, vor allem, wenn man sich beim Abendessen in erster Linie über die Entwicklungsschritte des gemeinsamen Sohnes unterhält und dieser Sohn nicht an einer Korrektur der Relativitätstheorie arbeitet, sondern an der Destruktion von Holztürmchen.

Nun allerdings galt es eine Ausnahme zu machen von den Beschränkungen auf US-Amerikaner. Das fand auch mein türkischer Geist, der in letzter Zeit immer häufiger neben Finn auftauchte, obwohl wir friedlich miteinander spielten. Oder tanzten. Finn hatte nämlich kurz nach dem Laufen das Tanzen entdeckt. Na ja, sagen wir: Bewegungen in Form einer Art Kniebeugen und Arme-in-die-Luft-Schwenken, die weder rhythmisch noch elegant waren, aber immer zu Musik und immer mit dem größten Enthusiasmus vollführt wurden. Wir hatten einen iPod an die Stereoanlage angeschlossen und extra eine Wiedergabeliste für Finn zusammengestellt, unter anderem mit Elizabeth Mitchell, Jack Johnson und anderen melodischen, fröhlichen Stücken – aber wann immer wir sie gehorsam abspielten, nachdem Finn mit den Fingern die Anlage angegrapscht, ein paar Kniebeugen gemacht und uns erwartungsvoll angeblickt hatte, schüttelte er mit einem empörten «No! No! No!» den Kopf und war erst zufrieden, wenn stattdessen die Wiedergabeliste «Jogging» mit ihren schnellen Popsongs lief. R. E. M. und Gloria Gaynor zum Beispiel gehörten lange zu seinen Favoriten.

Mein Vater hatte uns allerdings eine CD mit türkischen Kinderliedern geschickt, und wenn ein hellstimmiger Kinderchor erklang und von den Erlebnissen des türkischen Volkshelden Nasreddin Hoca sang oder ein Loblied auf Mütter im Allgemeinen anstimmte, war das in Finns Augen offenbar auch okay. Während einer dieser Tanzeinlagen auf dem heimischen Wohnzimmerteppich (es war ein Wochentag und Holly also bei der Arbeit) saß plötzlich mein türkischer Geist auf dem Sofa und ließ Wum im Takt zu einem türkischen Geburtstagslied mitschunkeln. «Außer der Handvoll Begegnungen mit dem türkischen Opa, der zurzeit 6000 Kilometer entfernt in Deutschland lebt, ist das die einzige Verbindung zu seinen türkischen Wurzeln, die dein Sohn hat», sagte mein türkisches Ich. «Eine CD mit schwer erträglichen Kinderliedern. Na, herzlichen Glückwunsch!»

Ich nickte betreten. Armer Finn. Dabei hatte ich mein Bestes versucht. Ich wollte meinem Sohn sogar einen türkischen Namen geben, nur gab es nicht so viele türkische Jungennamen, die auch in deutschen und amerikanischen Ohren schön klingen. Bei Mädchen ist es etwas einfacher, da schwingt immer gleich so eine geheimnisvolle orientalische Aura mit. Türkische Jungennamen hingegen assoziiert das deutsche Ohr gerne mit Selbstmordattentätern oder Schulhofrabauken. Mir gefiel Can sehr, gesprochen «Dschan». Aber Robert legte sofort ein Veto ein: *Can* heißt auf Englisch schließlich nichts anderes als «Dose», «und das tue ich meinem Sohn nicht an!». Ich nörgelte noch eine Weile an seinem Einwand herum, schließlich sei man im Schmelztiegel Amerika doch an ungewöhnliche Namen gewöhnt, da werde sich die richtige Aussprache schon durchsetzen. Als bei einer Kurzumfrage aber auch alle unsere amerikanischen Freunde betreten mit den Augenbrauen runzelten, sah ich das Problem ein. «Wie wär's mit dem Zweitnamen?», schlug Robert tröstend vor, nachdem wir uns für Finn entschieden hatten. Nun war ich als Bedenkenträgerin an der Reihe: «Dann heißt er Finn Can, und *fincan* heißt auf Türkisch ‹Tasse›.»

Also tanzte jetzt Finn ohne Can mit seinen blauen Augen und blonden Haaren auf einem amerikanischen Teppich zu türkischer Kindermusik. Ich musste etwas unternehmen. Nur was? Seine Tagesmutter war Ungarin, der gleichaltrige Nachbarsjunge halber Chinese, sein Ersatzbabysitter Mexikanerin. Türken sind hier schwer aufzuspüren – anders als in Deutschland sind die Türken, die nach Amerika gekommen sind, nämlich meist Amerikaner geworden. Wenn ich mal welche traf, was zwei- oder dreimal vorgekommen war, stammten sie aus der Istanbuler High Society und hatten wenig mit mir gemeinsam. Auch das war eine ganz neue Erfahrung: In Deutschland war ich die Türkin aus ungewohnt westlicher Familie. In Amerika bin ich die Türkin aus ungewöhnlich niedrigen Verhältnissen. Meine Eltern hätten es sich nämlich nicht leisten können, mich an einer amerikanischen Universität studieren zu lassen. Und Amerikaner verbinden mit Türken keinerlei besondere Assoziationen – wer sich für Außenpolitik interessiert, weiß gerade einmal, dass die Türkei ein verlässlicher Nato-Partner und Freund Israels ist.

Es gab in South Orange neuerdings ein wunderbares Delikatessengeschäft, das man sich vielleicht wie eine auf Amerika zugeschnittene Miniaturausgabe der Lebensmittelabteilung des Berliner KaDeWe vorstellen kann. Eden Gourmet ist eine Mini-Kette, mit weiteren Filialen in New York, und der Gründer und Mitbesitzer ist ein Türke. In Deutschland wäre dieser Mann längst in jeder Talkshow und jedem Zeitungsporträt zum Thema «Erfolgreiche Integration» aufgetaucht – in Amerika ist er nicht der Rede wert. Hauptsache, seine Ware stimmt. (Und ob sie das tut: französischer Käse! Schweizer Joghurt! Griechische Oliven! Deutsche Butterkekse!) Wenn ich Amerikanern von den Türken in Deutschland erzählen soll oder wenn ich begründen will, warum allein die Tatsache, aus einer Familie ohne Kopftuch zu stammen und einen Architekten statt Fabrikarbeiter zum Vater zu haben, schon genug Material für ein autobiographisches Buch abgegeben hat, dann funktioniert folgender Hinweis am besten: «Die Türken sind die Mexikaner Deutschlands!» Allein in New Jersey leben rund 1,3 Millionen Hispano-Amerikaner. Was die türkischstämmigen Immigranten angeht, sprechen Schätzungen von gerade einmal rund 150 000 in ganz Amerika – fast so viele leben in Deutschland allein in Berlin. Überall also, wo ich in Deutschland Türken gefunden hätte, saßen hier «nur» Mexikaner.

Eines Tages kam mir in meinem türkischen Dilemma ein – wahrscheinlich von meiner verstorbenen Großmutter gesandter – türkischer Engel zu Hilfe. Ein schrecklich einsamer Engel mit dunkelrot gefärbter Dauerwelle und dicken goldenen Armreifen, die wir hörten, bevor der Engel uns ansprach.

Melek *hanım*, Frau Melek, saß eines Sonntags in unserem Lieblingsdiner am Nebentisch und nahm jeden Stopp eines Kellners an ihrem Platz zum Anlass für eine kleine Unterhaltung über das Wetter, die gesundheitlichen Vorteile Pfeffers gegenüber Salz und die Mengen an Kaffee, die sie morgens zum Wachwerden so benötige. Auch zu uns war sie sichtlich um Kontaktaufnahme bemüht, was überhaupt kein Problem darstellte, weil die Tische eng beieinanderstanden und ein gutgelaunter Finn eine angeregte Unterhaltung mit den Blaubeeren in seinen Buttermilchpancakes begann. Als er empört sein Schicksal beklagte, weil eine Beere nicht auf seiner Kindergabel haften wollte, lächelte ich entschuldigend zu unserer Nachbarin hinüber, die Finn über ihren Kaffeebecher hinweg verzückt beobachtete.

«Ihr Sohn ist hinreißend, Gott segne ihn!», rief sie. «Wie alt ist er denn?»

«Etwas über ein Jahr.»

«Wie die Tochter meiner Nachbarn! Ich bin nämlich erst seit kurzem aus der City hierhergezogen.»

Die City, das war immer New York. Und weil Robert mir schon vorher zugeraunt hatte, ob das am Nebentisch wohl eine Türkin sei, und ich auf eine Griechin getippt hatte, nutzte ich die Gelegenheit und fragte: «Stammen Sie aus New York?»

«Eigentlich aus der Türkei. Aber ich habe 20 Jahre lang in der City gelebt.»

Und schon war das Gespräch im Gang. Melek *hanım – melek* bedeutet übrigens Engel – war als Studentin nach New York gekommen, hatte sich in einen Amerikaner verliebt, ihr Studium abgebrochen und geheiratet. Seit fünf Jahren war sie geschieden. «Seine Verwandtschaft hat unsere Beziehung vergiftet», klagte sie mit erhobenem Zeigefinger und einem traurigen Nicken, während wir unsere Omeletts aßen. «Die behaupteten, ich hätte ihn nur wegen des Visums geheiratet.» Jetzt arbeite sie als Sekretärin in New York. «Aber ich will wieder studieren. Und dann ziehe ich ins Wohnheim!» Sie sei nämlich nur nach New Jersey gezogen, weil man sich in New York als Geschiedene so einsam fühle.

«Aber hier ist es auch nicht viel besser. Sie sind die Erste, mit der ich heute ein Wort wechsele. Türken haben vielleicht doch eine andere Mentalität …» Melek *hanım* lächelte entschuldigend zu Robert hinüber.

«Vermissen Sie die Türkei?», fragte ich.

«Nein, eigentlich nicht. Und wenn doch, dann fahre ich nach Paterson.»

Paterson?

Eine halbe Stunde später wussten wir nicht nur einiges über Melek *hanıms* letzte Männerbekanntschaften, ihre Migräneanfälle und Studienpläne, sondern hatten auch erfahren, dass in Paterson angeblich die größte türkisch-amerikanische Gemeinde der USA lebte. Während wir uns noch von unserer Frühstücksbekanntschaft verabschiedeten («Wir sehen uns bestimmt wieder, ich esse oft hier!»), machte mein türkisches Ich bereits Ausflugspläne.

Zwei Tage später packte ich Finn ins Auto und machte mich auf den Weg in die nur eine halbe Stunde Autobahnfahrt entfernte Türkei.

Paterson ist eine 150 000 Einwohner zählende Industriestadt am Passaic River. Die beeindruckenden 23 Meter hohen Wasserfälle Great Falls speisten einst Dutzende Mühlen, und Ende des 19. Jahrhunderts wurden hier nicht nur 80 Prozent aller amerikanischen Lokomotiven gebaut, sondern Paterson war die berühmte «Silk City», die Seidenstadt der USA. Der erste amerikanische Fabrikarbeiterstreik fand 1823 hier statt, und hier wurde der Flugzeugmotor gebaut, der Charles Lindbergh 1927 über den Atlantik brachte. Die schönen alten Backsteingebäude rund um die Great Falls stehen heute unter Denkmalschutz, und über die Wasserfälle spannt sich eine Fußgängerbrücke, doch als Touristenziel hat sich das ansonsten recht heruntergekommene Paterson bislang nicht etablieren können.

Das Erste, was mich hier begrüßte, war ein Plakat am Maschendrahtzaun einer Schule mitten in einem verlassenen Gewerbegebiet. Es zeigte einen kleinen Jungen schwarzer Hautfarbe und neben ihm drei Sätze: «Erschieß mich nicht. Ich will groß werden. Gib deine Waffe ab.» Mein türkisches Ich, das neben mir auf dem Beifahrersitz saß, seufzte: «Tolle Gegend, in die du deinen Sohn bringst.»

Ich hatte die richtige Autobahnausfahrt verpasst, und jetzt irrten wir ohne Stadtplan durch Paterson, auf der Suche nach der Main Street, der Hauptstraße des türkischen Viertels im Süden der Stadt. Ich verriegelte schuldbewusst die Türen und bog an einem verbarrikadierten Schuppen mit einer geschlossenen Bar und einem verblichenen Schild, das «Lady Di's Hair Care» versprach, rechts ab.

Kurz darauf landeten wir auf der Hauptgeschäftsstraße. Die Gehwege waren voller Menschen, sie standen vor ihren Läden und rauchten, versammelten sich um Mülleimer herum und plauderten, trugen Tüten und Taschen oder liefen mit ihren Kinderwagen mit eiligen Fußgängern um die Wette. Mir fiel auf, dass alle hier überall die Fahrbahn überqueren – einer Theorie Roberts zufolge ein typisches Zeichen für Entwicklungsländer (in New York zum Beispiel gehen die Fußgänger zwar grundsätzlich auch bei Rot über die Straße – aber immer an Ampeln). Den Geschäften nach zu urteilen, hatten Haare und Hähnchen inzwischen Seide und Lokomotiven als Patersons Hauptgewerbe ersetzt. Wir passierten Dutzende «Hair & Beauty»-Salons und ebenso viele Imbisse, die sich «Kikeriki», «Pollo Loco» oder «Chicken Olé» nannten. Paterson hat nämlich auch eine recht große peruanische Gemeinde. Als wir aber an «Hollywood Halal Fried Chicken» vorbeifuhren, wusste ich, dass wir nicht mehr weit von der Main Street entfernt sein konnten. So ein alberner Name, der westlichen Glamour mit braver Korantreue in einen Satz quetschen will, war typisch türkisch.

Und da war sie. Ich fühlte mich augenblicklich wie in Berlin-Kreuzberg. «Shish-Kebab» lag zwischen «Albasha» und «Kafé Teria», «Turk Video» neben dem «Istanbul Market». Überall klebten Plakate, die für ein türkisches Theaterstück in New York warben. Vor einem Hauseingang, der vielleicht in eine Moschee führte, diskutierten rauchende schnauzbärtige Männer. Und natürlich fehlten auch die schmucklosen Cafés nicht, in denen die Männer an quadratischen Tischen saßen, Tee aus Tulpengläsern tranken und Karten spielten. Der auffälligste Unterschied zu Berlin bestand darin, dass kaum verschleierte Frauen zu sehen waren und fast alle jungen Männer Baseballcaps mit dem Logo der New York Yankees trugen.

Die andere Hälfte der Schaufenster zierten allerdings arabische Schriftzeichen. Paterson war längst nicht mehr nur eine türkische, sondern eher eine islamische Gemeinde mit vielen Jordaniern, Syrern und Palästinensern. Während ich keinen einzigen Flyer erkennen konnte, der um Solidarität mit dem Unabhängigkeitskampf der Kurden warb (jedenfalls nicht auf Englisch oder Türkisch), hingen überall Zettel palästinensischer Organisationen, und an jeder arabischen Ladentür klebte das Poster mit dem Bild eines dunkeläugigen Jungen, der keine Angst vor dem Erschossenwerden zeigte, sondern in Fettschrift gegen die Ausweisung illegaler Einwanderer klagte: «Schickt meine Mutter nicht nach Nablus!» Der Lebensmittelmarkt einer Tankstelle schaffte die Symbiose: «Arab Spanish Turkish American Food» stand in großen Lettern quer über der Fassade.

«Okay», sagte mein türkisches Ich, «und was machen wir jetzt? Sprechen wir wahllos jede türkisch aussehende Frau auf der Straße an und fragen sie, ob sie mit uns einen Tee trinken geht?» Ich beschloss, Finn und mich erst einmal einfach nur die Atmosphäre genießen zu lassen. Wir betrachteten interessiert das Schaufenster eines Import-Export-Geschäfts, wo sich ein kleines batteriebetriebenes Riesenrad aus Bronze mit Mokkatassen als Gondeln drehte und auf einem reichverzierten Backgammon-Brett eine ausgeblichene Packung *African Mango Butter Soap* lag. Mein niedlicher strohblonder Junge und ein paar Worte auf Türkisch würden schon ganz automatisch zu ausgiebigen Plaudereien über die ferne Heimat führen, da war ich mir sicher, ich kannte doch meine türkischen Landsleute! Am besten, ich besorgte Finn gleich einmal eine typisch türkische Baseballmütze. «Also ein Yankees-Baseballcap?», meinte mein türkischer Geist spöttisch. Ich warf ihm einen bösen Blick zu.

Inzwischen waren wir vor dem Ak Market gelandet. Ich fragte mich, ob der Supermarkt wohl irgendwie mit der islamischen Regierungspartei der Türkei, der *Ak Partisi* (AKP) zusammenhing. Dann hätte ich ihn zumindest nach Ansicht meiner Atatürk-treuen Verwandtschaft boykottieren müssen. Aber mein türkisches Ich wies auf den schmalen Grünstreifen, der das Gebäude von dem direkt danebenliegenden McDonald's abgrenzte: Der Besitzer des Ak Market hatte ihn mit kniehohen Zitronen-, Orangen und Apfelbäumchen aus Plastik sowie künstlichen Geranien, Freesien, Rosen und Tulpen in leuchtenden Farben «bepflanzt». «Sieht doch aus wie der Vitrinenschrank von Tante Hülya in Istanbul!», sagte mein türkischer Geist, als handele es sich damit um erlaubtes Terrain. Neugierig traten wir durch einen Seiteneingang ein.

Wir standen direkt neben dem Marmeladenregal. Mit Sauerkirschmarmelade, Rosenkonfitüre und Wassermelonenmarmelade. Meinen typischen Urlaubsmitbringseln! Im Gewürzregal gab es neben Paprika, Kreuzkümmel und getrockneter

Minze Gewürzmischungen extra für *köfte* (Frikadellen). Hinten lag die Fleischtheke voller Lamm, daneben das Kühlregal mit Joghurt lauter bekannter türkischer Marken. Von dem gelben Standardkäse *kasar* und der beliebten Knoblauchwurst *sucuk* lagen hier ein Dutzend Varianten bereit. Bei den Süßigkeiten gab es Ülker-Kekse, und das Teeregal teilten sich türkische Marken mit englischem Lipton-Tee – genau wie in der Türkei. Ich war entzückt, besonders, als ich im Zeitschriftenregal neben der Kasse ein türkisches Elternmagazin entdeckte und die Kassiererin eine ältere Dame hinter mir mit «abla» ansprach. Das bedeutet wörtlich «ältere Schwester», ist umgangssprachlich aber die freundlich-höfliche Anredeform für alle Frauen, die etwas älter als man selbst sind. Hier ging es ja zu wie im Krämerladen einer türkischen Kleinstadt!

Mein türkisches Ich aber meldete sich sofort boshaft zu Wort: «Dich spricht sie aber nicht so an. Dein Akzent ist eben zu untürkisch!» Diese Geisterziege wollte mir aber auch jeden Spaß verderben. Ich würde ihr mit einer spontanen Plauderei schon das Gegenteil beweisen. Während ich das Magazin im Netz des Kinderwagens verstaute, sagte ich mit Blick auf die Kassiererin laut und deutlich auf Türkisch zu Finn: «Mal sehen, was wir hier drin wieder Neues über dich lernen!»

«Iyi günler», sagte die Kassiererin nur, «Schönen Tag noch».

Mein türkisches Ich grinste. Beleidigt verließ ich das Geschäft. Draußen vor der Tür füllte ein Angestellter gerade den Gemüsestand auf. Bei ihm erkundigte ich mich, wo man in Paterson türkische Fußballtrikots kaufen könne. Turk Video verkaufe so einen Kram, sagte er.

«Ist ja offensichtlich nicht besonders begehrt bei amerikanischen Türken», giftete mein türkisches Ich.

Wortlos marschierten wir zurück zu Turk Video. Der Laden

hatte geschlossen. «Gut so», sagte meine ständige Begleiterin, «ich habe Hunger.» Wir kehrten bei Kafé Teria ein.

Das Lokal war eindeutig auf westliche Besucher zugeschnitten und in schickem, schlichtem Braun und Dunkelgrün gehalten. Es wurde ganz auf den üblichen orientalischen Schnickschnack verzichtet, von der türkischen Küche kündeten nur die Baklawa in einer Vitrine am Tresen und schöne Farbfotos von Kappadokien und einer anatolischen Bäuerin, die auf ein paar Ästen balancierend mit einem Messer irgendetwas von einem Baum zu pflücken schien.

Wir könnten uns hinsetzen, wo wir wollten, rief mir ganz unamerikanisch die uniformlose Kellnerin hinter dem Tresen zu und ging einen Hochstuhl für Finn holen. Ich suchte einen Fenstertisch aus. Als die junge Frau zurückkam, fing Finn sofort an, mit ihr zu flirten. Mein Sohn lächelt fremde Frauen nicht einfach nur an, er probiert verschiedene Grimassen aus, die sich in der Vergangenheit als erfolgreich darin erwiesen haben, größtmögliche Aufmerksamkeit zu erlangen. Besonders effektiv ist das Gesicht, das er einsetzt, wenn ich mit ihm geschimpft habe und ihn mit Missachtung strafe: Er reckt das Kinn in die Höhe, zeigt mit einem Grinsen, das von einem Ohr zum anderen reicht, sämtliche Zähnchen und kneift die Augen zu schelmischen Schlitzen zusammen. Meine Missachtung kann ich dann etwa drei Sekunden aufrechterhalten. «Bist du süüüß!», rief jetzt auch die Kellnerin, beugte sich zu ihm hinab und nahm dabei seine Wangen zwischen beide Hände. Ich war entzückt. Wie türkisch das war! Mein türkischer Quälgeist lächelte spöttisch.

Ich bestellte *sigara böreği*, mit Schafskäse gefüllte frittierte Blätterteigröllchen, und kaltes Auberginenpüree als Vorspeise, die mit frischen, warmen Fladenbrotstreifen serviert wurden. Während ich auf das Essen wartete und Finn damit beschäftigt war, einen Strohhalm in meine (in ein Glas entleerte) Limonadendose hineinzustecken und wieder herauszuziehen, blätterte ich in meiner türkischen Zeitschrift. Sie stammte – wie praktisch alle türkischen Medien – aus Istanbul, doch es gab kaum eine Anzeige, deren Produkt ich nicht entweder aus Deutschland oder Amerika kannte. Und nicht nur die Themen waren die gleichen wie in deutschen und amerikanischen Elternzeitschriften, sie wurden auch, wie ich nach mühseligem Entziffern einiger Absätze feststellen konnte, gleich behandelt: Ja zum Stillen, keine Übertreibung mit der Hygiene, Kinder müssen in erster Linie spielen, werdende Mütter viel trinken, die Krankenhaustasche nicht zu voll packen, Vitamine sind wichtig, undsoweiterundsofort. Für die Mütter gab es Hautpflegetipps und «Gönnen-Sie-sich-was!»-Vorschläge, es wurden ökologische Reinigungsmittel ebenso getestet wie familienfreundliche Autos.

Ich war ein bisschen enttäuscht. Keine Mutter mit Kopftuch, keine Tipps für ein erfolgreiches Beschneidungsfest, keine kinderfreundlichen Abwandlungen türkischer Kochrezepte. Apropos: Da war doch ein Unterschied. Es gab keine Rezepte. Ich kenne kein deutsches oder amerikanisches Elternmagazin ohne Kochseiten. Türkische Mütter waren also entweder Rabenmütter, oder sie beherrschten sämtliche Wie-verstecke-ich-den-Broccoli-in-der-Spaghettisoße-Tricks ganz von allein. Oder sie benötigten derartige Anleitungen gar nicht, weil es in der türkischen Küche keinen Broccoli gibt. Ich beschloss, häufiger zu kochen, und zwar vor allem türkisch. «Pfhhh!», spottete mein türkisches Ich, «das nimmst du dir seit fünf Jahren vor, und nie geht es über den Kauf eines neuen türkischen Kochbuchs hinaus!» Ich wies sie beleidigt darauf hin, dass Robert eben ein ganz ausgezeichneter Koch sei und ich außerdem gerade einmal vier türkische Kochbücher besäße.

«Jaja», winkte mein türkischer Geist ab und riss mir die Zeitschrift aus den Händen. «Schauen wir doch mal auf der Leserbriefseite nach typischen Türkinnen: ‹Mein Hintern wird seit der Geburt immer fetter, obwohl ich nur noch sechs Stück Zucker in meinen Tee tue!›, ‹Muss ich meiner drei Monate alten Tochter im Kinderwagen das Gesicht verschleiern?›, ‹Mein Mann will unseren dreijährigen Sohn seiner Nichte versprechen, obwohl ich die einjährige Tochter meiner Cousine zweiten Grades viel hübscher finde!›» Ich nahm ihr das Magazin empört wieder weg und sah selbst nach. Nichts. «Meine Tochter hat Haarausfall», «Mein Dreijähriger beißt», das Übliche. Eine Mutter fragte zwar verzweifelt, wie sie ihrem fünf (!) Jahre alten Sohn endlich das abendliche Stillen (!) abgewöhnen könne, morgens sei seine Windel (!) auch immer entsetzlich voll. Aber an diesem Irrsinn war nichts Türkisches, ich musste an Maureen aus der Spielplatzgruppe denken, die ihrer dreijährigen Tochter beigebracht hatte, tatsächlich nach einem *Latte* zu fragen, wenn sie die Brust wollte.

Dann kam unsere Vorspeise. Finn aß begeistert vom Börek und vom Brot, verschmähte jedoch das Auberginenpüree – daran würden wir noch arbeiten müssen. Dass mein Sohn das türkische Nationalgemüse, für das es rund 200 Rezepte gibt, nicht mochte, kam gar nicht in Frage. Wenigstens liebte er Joghurt, selbst dann, wenn der Knoblauch statt Erdbeeren enthielt. Als Hauptgericht entschied ich mich für *Iskender kebab* – das ist nichts anderes als über gerösteten Brotstücken mit Joghurt und Tomatensoße angerichtetes Dönerfleisch, aber schließlich lebte ich jetzt nicht mehr in Berlin, und Döner war für mich schon fast zur Delikatesse geworden. Finn bekam ein paar Mini-*köfte* mit Reis. Und akzeptierte.

Unser Mittagessen war solider Standard, den ich in der Türkei (und in Deutschland) in jedem ordentlichen Lokal erwartet hätte, hier aber genoss ich unser Mahl mit einem dämlichen Grinsen im Gesicht und trank entzückt Orangenlimonade von Uludağ, was nichts anderes war als türkische Fanta. Als mir abschließend ein Tee in einem Tulpenglas serviert wurde, war mein Glück vollkommen. «Guck, Finn, das ist echter türkischer Tee!», erklärte ich meinem Sohn begeistert – und erkannte sofort meinen Fehler, als das Glas augenblicklich zum interessantesten Gegenstand der Welt wurde. Wenigstens kannte Finn das Wort «Tee» von zu Hause und antwortete sofort mit einem ernsten «heiß!» – was ihn nicht davon abhielt, noch ein paarmal neugierig nach meinem Glas zu greifen.

Während des gesamten Essens hatte ich mehrmals versucht, mit der Kellnerin ein Gespräch anzufangen, aber sie war leider weder die Besitzerin des Restaurants noch besonders gesprächig. Offensichtlich nur eine sehr freundliche, aber recht schüchterne junge Frau. Über mein Lob der Einrichtung nickte sie nur lächelnd, und auf meine Frage, ob das «Zu vermieten»-Schild draußen am Gebäude etwa auf eine Schließung hinwies, antwortete sie nur: «Nein, ich glaube nicht.» Als ich sie fragte, wo man hier türkische Fußballtrikots für Kinder bekäme, und extra hinzufügte, ich sei nämlich zum ersten Mal in Paterson, erklärte sie mir lediglich den Weg zu Turk Video. «Gib's auf», sagte mein türkisches Ich, «in Amerika interessiert sich keiner für dein Türkischsein.»

«Das sind hier gar keine richtigen Türken!», schimpfte ich. Niemand, nicht einmal die von ihm so begeisterte Kellnerin, hatte sich schließlich nach Finns Alter und Namen erkundigt. Normalerweise verging kein einziger Tag, an dem ich mit Finn in der Öffentlichkeit unterwegs war und nicht von mindestens einer wildfremden Person auf ihn angesprochen wurde. Einmal waren wir in South Orange im Supermarkt gewesen, und da ich nur Milch geholt und keinen Einkaufswagen benutzt hatte, setzte ich Finn an der Kasse kurz auf das (stillstehende) Laufband. Da kam ein schwarzer Hüne an uns vorbei, zupfte liebevoll an meinem Sohn und rief: «Das ist ja sagenhaft! Wo bekommt man die denn?» Ich dachte, er meinte Finns leuchtend rote Regenjacke und schaute nach dem Etikett, als der Mann lachte: «Nein, wenn, dann will ich die Jacke schon mit Inhalt! Sie haben einen sehr niedlichen Sohn, Gott segne ihn!»

Ja, so was passierte mir dauernd. Wildfremde Menschen, die mit Finn schäkerten, mich zu ihm beglückwünschten und ihn von Gott segnen lassen wollten. In Amerika wurde auffällig viel gesegnet. Und hier? Ausgerechnet unter Allahs doch angeblich so treuen Dienern? Nichts! «Paterson ist eben die amerikanische Version der Türkei», meinte mein türkisches Ich bissig, «äußerlich exotisch, aber innerlich vollkommen gleichgeschaltet. Das sind alles emsige Möchtegern-Amis, vollauf brav mit dem Assimilieren beschäftigt, da bleibt keine Zeit mehr für orientalische Lebenskunst.»

«Blödsinn», dachte ich. Aber es irritierte mich trotzdem, dass ich hier kein einziges Mal nach meinem Wohnort und meiner Herkunft gefragt worden war. So lief es doch sonst immer mit absoluter Vorhersehbarkeit: Sobald ich in Deutschland oder der Türkei auf Türkisch mit einem Türken sprach, kommentierte er meinen Akzent. Der ist nämlich für die meisten nicht einzuordnen, weil ich Türkisch zwar von klein auf von meiner Oma und Großtante gelernt und deshalb keinen eindeutig deutschen Akzent habe, allerdings auch meilenweit von einer Muttersprachlerin entfernt bin. Dann erkläre ich meinem Gegenüber kurz die Hintergründe, woraufhin die Person wissen will, wo ich lebe und woher mein Vater stammt, und schon ist die Unterhaltung im Gang. Hier aber? Nichts. Bitte, danke, schönen Tag noch. Dabei sprach ich hier überall türkisch, während ich mich in Deutschland immer furchtbar zierte, weil mir mein Akzent und das beschränkte Vokabular peinlich waren. Doch in Amerika war mein Radebrechen eben im wahrsten Sinne des Wortes nicht der Rede wert. Wie hat es ein amerikanischer Freund einmal auf den Punkt gebracht? «Die Hälfte der Amerikaner selbst spricht doch mit Akzent!»

Nun, ich würde sicherlich noch öfter zum Einkaufen nach Paterson kommen, aber das mit Finns türkischen Wurzeln, das würden wir wohl mit regelmäßigen Sommerurlauben in der Türkei lösen müssen. Ich sah tränenreiche Wochen vor mir, die mein Sohn in der «blöden Türkei» würde verbringen müssen, mit dem «blöden Opa» (dem ich natürlich verbieten würde, deutsch mit seinem Enkel zu reden) und anderen «blöden Verwandten», die diese «blöde Sprache» sprachen, während alle seine Freunde wieder in das coole Sommercamp fuhren. Mein türkisches Ich zuckte mit den Achseln: «Da muss er durch.» Ausnahmsweise waren wir uns einig.

Und dann, kurz bevor wir uns wieder ins Auto setzten, hatte ich doch noch ein kleines patriotisches Erfolgserlebnis: In einer Bäckerei wollte ich ein paar türkische Süßigkeiten zum Mitnehmen besorgen. Wie aus türkischen Bäckereien in Deutschland gewohnt, guckte die Verkäuferin irritiert angesichts der für türkische Verhältnisse winzigen Menge, die ich bestellte. Aber als ich fachmännisch «vier Stück Tulumba» orderte – das Spritzgebäck liebe ich sehr und kann mir auch wegen seines von den unübersichtlich vielen Baklawasorten so verschiedenen Äußeren den Namen gut merken –, schüttelte sie nur verschwörerisch den Kopf. Ich verstand sofort: Sie riet mir als Insiderin davon ab. Tulumba muss unbedingt ganz frisch sein, und dieses stammte offensichtlich vom Vortag.

Mit Paterson versöhnt, stieg ich mit Finn ins Auto und fuhr nach Hause. Ohne mein türkisches Ich übrigens. Das sollte mich auf lange Zeit erst einmal in Ruhe lassen. Ich hatte schließlich genug mit dem Deutschsein und Amerikanisch-werden zu tun.

Melek *hanım* haben wir leider nie wieder getroffen. Wahrscheinlich klimpert sie längst mit ihren Armreifen in Vorlesungen an der New York University und versorgt das gesamte Wohnheim mit Tee und Männergeschichten.

Die Folge mit Harvey Keitel als Gaststar

Auf meinem Selbstverwirklichungsprogramm als neue Mutter stand als Nächstes ein Buchclub. Ich weiß, der kommt weder in *Sex and the City* noch in irgendeiner anderen Fernsehserie vor, Buchclubs sind nicht besonders hip, aber es war eine der wenigen kinderlosen Abendveranstaltungen, die die MultiMütter anboten, die mich interessierten. Zudem ganz neu gegründet, ich würde also nicht in eine eingeschworene Gruppe platzen. Und im Vergleich zum Strickkreis oder zum Erinnerungsalbumbastelclub (*scrapbooks* sind in Amerika ungeheuer beliebt), wo die Frauen mit Schere, Kleber, Fotos und diversem Verzierungskram zusammenkamen, den ich zuletzt mit dreizehn für die Poesiealben meiner Freundinnen verwendet hatte, war so ein Buchclub doch extrem cool.

Außerdem sind Buchclubs sehr amerikanisch. Hat sich ein Titel als erfolgreich erwiesen, drucken die Verlage ans Ende der Taschenbuchausgabe gern eine «Vorschlagsliste für Diskussionsstoff». Jede Buchhandelskette, die etwas auf sich hält, bietet mindestens eine Online-Lesegruppe an, ebenso veranstalten viele kleine unabhängige Buchhandlungen regelmäßige Treffen, und Bibliotheken bieten selbstverständlich Buchclubs für verschiedene Altersgruppen an. Amerikas größter und bekanntester ist «Oprah's Book Club» der immens populären Nachmittags-Talkshowmasterin Oprah Winfrey. Wenn Oprah im Fernsehen ihr «Buch des Monats» vorstellt, schnellen die Verkaufszahlen des Titels in sechsstellige Höhen, dagegen konnte schon Marcel Reich-Ranicki einpacken, und selbst Elke Heidenreichs Einfluss wirkt im Vergleich wie der der freundlichen bebrillten Dame am Infodesk der Ortsbibliothek. Auf Oprahs Website finden sich Tipps «für das erste Treffen» ebenso wie Rezepte für «eine erfolgreiche Leseparty» und natürlich sämtliche bislang vorgestellten Bücher mitsamt Fragen.

Auch Leslie, unsere Gruppenleiterin, hatte offensichtlich hier nachgeschlagen – vor dem Treffen verschickte sie per E-Mail einen Sendehinweis. Unser erstes «Buch des Monats» würde nämlich demnächst in Oprahs Show vorgestellt werden: *Eat, Pray, Love*, eine Autobiographie der amerikanischen Journalistin Elizabeth Gilbert, die von ihrer traumatischen Scheidung und dem anschließenden Selbstfindungstrip nach Italien, Indien und Bali erzählt.

Der Inhalt: Allein und von einer Depression nur halb genesen, beschließt Elizabeth Gilbert, sich auf die Suche dreier bislang vernachlässigter Aspekte ihrer Persönlichkeit zu machen: Genuss in Italien, Gott in Indien und schließlich, um den Ausgleich zwischen beidem zu finden, Balance auf Bali. Mit anderen Worten: *Eat, Pray, Love* war ein typisches Frauenbuch. Robert las den Klappentext und meinte nur: «Eat, pray, barf» («Essen, beten, brechen» ...), aber als ich es eines Nachmittags auf dem Balkon unseres Hochparterres las und eine mir wildfremde junge Frau mich damit entdeckte, rief sie mir strahlend zu: «Ist es nicht wunderbar?! Das ist mein liebstes Lieblingsbuch aller Zeiten!»

Ja, so ein Buch ist das. Ein Frauen-Verbrüderungs- beziehungsweise Verschwesterungsbuch, ein Buch, mit dem sich unzählige Frauen auf irgendeine Weise identifizieren und somit ein Band untereinander knüpfen können. Ganz besonders Mütter. Weil Elizabeth Gilbert nämlich von etwas schreibt, wonach sich insbesondere Mütter nach mehr als allem anderen sehnen: von sich, sich, sich. Sie sagt «ich, ich, ich» auf jeder Seite.

Das gesamte Buch handelt davon, wie eine Frau sich von allen Fesseln löst und ein Jahr lang genau das tun kann, was sie schon immer tun wollte. Und weil Elizabeth Gilbert davon recht elegant und nicht ohne eine Portion Selbstironie erzählt, fand ich das Buch lange nicht so schrecklich, wie ich dachte, als ich erfuhr, dass ausgerechnet «so ein Frauen-Selberfahrungs-kitsch», wie ich Robert gegenüber stöhnte, der erste Buchclub-Titel werden würde. Außerdem meditierte Gilbert ständig, das war ihre Form des Gebets, und dafür hatte ich mich schon immer interessiert. Und so ertappte ich mich peinlich berührt dabei, wie ich gierig Seite um Seite verschlang. So tief also war ich gesunken, seit ich Mutter war!

Ausgerüstet mit dem Buch, einer ebenfalls von Leslie ge-mailten Fragenliste und einer Flasche italienischen Weines stand ich eines Abends also vor unserem Treffpunkt, Leslies Haus. Und starrte. Das hier nämlich war von einem indischen Ashram in etwa so weit entfernt wie Finn von der Erleuchtung. Die Villa hatte eine halbkreisförmige Auffahrt wie ein vorneh-mes Landhotel, in der Hälfte der erleuchteten Fenster sah man brokatverzierte Tischlampen stehen, und hinter der Terrasse mit Pool neben dem Haus erstreckte sich ein Garten, der sich wahrscheinlich am besten per Pferd erkunden ließ. Fast war ich ein wenig verwundert, dass mir Leslie selbst und nicht ein Dienstmädchen mit weißer Schürze die Tür öffnete.

Leslie trug ein kariertes Männerhemd und staubige Jeans, während hinter ihr eine geschwungene Freitreppe zu einer Galerie mit holzgerahmten Gemälden führte und der Hall des marmornen Eingangsbereiches von dicken orientalischen Teppichen gedämpft wurde. Ich war mitten im *Denver-Clan* ge-landet. Leslie war allerdings mindestens zwei Köpfe kleiner als Denver-Clan-Krystle und trug auch nicht deren silberblon-den Prinz-Eisenherz-Bob, sondern hielt ihre schulterlangen schwarzen Haare mit einem Haarband aus dem Gesicht. «Es tut mir so leid, wie ich aussehe», sagte sie nach unserer Begrüßung und strich die langen Hemdschöße über ihren Hüften glatt, «aber heute Nachmittag war meine persönliche Zeitmanagerin da, und danach bin ich ganz inspiriert und euphorisch in einen wahren Aufräumrausch verfallen!» Das Haus sah aus wie ein Filmset, ich fragte mich, was es hier aufzuräumen gab. Nichtsdestoweniger beglückwünschte ich sie, als hätte mir meine persönliche Zeitmanagerin auch schon oft solche Triumphgefühle verschafft, dabei beschränkte sich mein alter Wunsch, in meinem Leben aufzuräumen, auf gelegentliches Durchblättern des Ratgebers *Simplify your Life*.

Aber Amerikaner fühlen sich innerhalb der Koordinaten eines gut durchorganisierten, zweckorientierten Lebens eben am wohlsten. Leslies zwei Jungs hatten bestimmt auch schon ihre persönliche Legosteinorganisatorin. Was die Freizeitbeschäftigungen des Nachwuchses angeht, nehmen einigermaßen vermögende Eltern gern die Hilfe von Profis in Anspruch. Es gibt Chinesischkurse für Vorschulkinder ebenso wie Murmelspielseminare, und wessen Kind mit 18 Monaten nicht die Taubstummensprache beherrscht, der lässt sich beim «Mommy and me»-Jazztanz lieber gar nicht erst blicken.

«Oh, italienischer Wein!», rief Leslie begeistert, als ich ihr meine Flasche in die Hand drückte. «Ja, ich dachte, das passt doch zum Buch», meinte ich verschämt, wahrscheinlich würde sie uns edle Tropfen vom eigenen kalifornischen Weinberg servieren. «Was für eine wundervolle Idee!», sagte Leslie und führte mich «in die Bibliothek».

Die Bibliothek war ein kleines, von deckenhohen dunklen Büchervitrinen eingefasstes Zimmer, in dessen Mitte zwei rotbraune Sessel und ein kleines Sofa von zwei beigefarbenen Stehlampen erleuchtet wurden. Der Raum sah aus, als hätte ihn ein Innenarchitekt für den Werbeprospekt eines Herstellers für altenglische Vitrinenschränke eingerichtet, und nicht so, als ob darin viel geschmökert würde.

Ich war fünf Minuten zu spät, deshalb waren alle anderen – gerade einmal zwei weitere Leserinnen – natürlich schon da. «Wie gesagt, bitte entschuldigt mich ganz kurz, ich ziehe mich nur um, bin in einer Minute wieder da! Bedient euch!», bat Leslie und wies im Hinausgehen auf ein kleines Tischchen, auf dem sie meine Flasche abstellte. «Iris hat italienischen Wein mitgebracht, ist das nicht ein wundervoller Gedanke?!»

Ich begrüßte die zwei anderen, Sarah und Michelle, und wir beschäftigten uns mit dem Imbiss, den Leslie auf dem Tischchen bereitgestellt hatte. Es gab kleingeschnittenes Obst und Gemüse mit Dips in Plastikschalen, wie man sie in Amerika in jedem Supermarkt vorbereitet bekommt. Daneben eine Schüssel Cracker, diverse Säfte und außer meinem noch je eine Flasche Rot- und Weißwein. Und als Geschirr standen Plastiktellerchen, Servietten und Becher bereit. Aus Plastik. Wein aus Plastikbechern? Für eine vierköpfige Runde? In einem Haus, das vermutlich über je einen maschinellen und menschlichen Geschirrspüler verfügte? So was wäre dem Denver-Clan ja nicht passiert. Oder wer weiß – vielleicht servierten alle Denver-Clans Amerikas ihren Gästen Wein aus Plastik, wenn keine Kameras zugegen waren?

Als Sarah, Michelle und ich uns mit Gemüse und Crackern versorgt hatten, erschien Leslie in sauberen Hosen und frischer Bluse. «Fangen wir an! Wie hat euch das Buch denn gefallen?»

«Haaach, ich fand es wunderbar!!!», schwärmte Michelle. Wie sich später herausstellte, hatte Michelle drei Kinder, eines davon vier Monate alt, und ihr Mann war berufsbedingt ständig auf Reisen.

«Interessant», sagte Sarah.

«Du hast es gehasst», korrigierte ich lachend.

Sarah, eine zierliche blonde ehemalige Bühnenschauspielerin (Modernes Theater), winkte erschrocken ab: «Nein, nein, ich fand es wirklich interessant! Eine gute Wahl für unser erstes Treffen, Leslie.»

Uuups – ich begriff, dass ich für eine Zusammenkunft kultivierter amerikanischer Damen zu direkt war. Erst als Sarah und ich uns besser kannten, würde sie zugeben, dass sie das Buch tatsächlich unerträglich gefunden hätte, hätte sie es nicht mit anthropologischem Interesse «für diesen speziellen Frauentyp» lesen können. Sarah las normalerweise Haruki Murakami, James Joyce und politische Sachbücher; Seelenergüsse waren nicht gerade ihr Ding.

Dann schaute Leslie erwartungsvoll mich an, und ich antwortete: «Ich habe es auch wirklich gerne gelesen, was mich überrascht hat, normalerweise mag ich solche typischen Frauenbücher nicht besonders.» Allzu zurückhaltend wollte ich nun auch nicht sein; wenn wir uns jetzt eine Stunde lang gegenseitig versicherten, wie toll wir das Buch fanden, würden wir am Schluss alle in Leslies schicken Sesseln schnarchen.

«Meinst du, das ist ein typisches Frauenbuch?», fragte Michelle mich erstaunt. Ich erläuterte meine Ich-ich-ich-Theorie, und Michelle nickte nachdenklich.

«Ich würde furchtbar gerne einige Zeit in einem Ashram verbringen!», sagte Leslie. «Wisst ihr übrigens, dass Elizabeth Gilbert nächste Woche ganz in der Nähe bei einem Frauenverein einen Vortrag über seelische Gesundheit hält?»

«Jajaja, ich gehe auch hin!», fiel Michelle ihr aufgeregt ins Wort. Die beiden hatten sich tatsächlich Karten für 86 Dollar gekauft, um eine Bestsellerautorin über ihre Seele reden zu hören. «Und wisst ihr, dass sie gar nicht weit von hier lebt und in der Scheune ihres Landhauses einen Trödelladen eingerichtet hat, wo sie ganz viele Mitbringsel von ihren vielen Reisen verkauft?», ergänzte Michelle noch aufgeregter. «Da will ich unbedingt auch mal hinfahren.»

«Pass aber auf, dass sie dich nicht als Stalker verhaften lässt!», meinte ich zu ihr und bereute meine Bemerkung sofort. Was war ich doch für ein deutscher Trampel! Aber zum Glück grinste Michelle nur und meinte, das hätte ihr Mann auch schon gesagt.

«Wollen wir mal die Fragen durchgehen?», sagte Leslie und wedelte mit ihrer Liste. Brav kramten wir unsere Blätter hervor. Leslie las die erste Frage laut vor: «Ist, wie Elizabeth Gilbert schreibt, Amerika tatsächlich ein unterhaltungs-, aber nicht unbedingt ein genusssüchtiges Land?» Diesmal beschloss ich, erst einmal den Mund zu halten. Aber es war wie in der Schule. Keiner sagte etwas, alle schienen konzentriert in ihren Büchern zu blättern.

«Sarah?», nahm Leslie schließlich eine Schülerin dran.

Sarah zuckte mit den Schultern. «Na ja, das ist natürlich ein Klischee, aber wie bei allen Klischees ist da wohl etwas Wahres dran. Wir nehmen uns nicht gerne die Zeit, die Genuss erfordert. Unterhaltung geht schneller.»

«Ich mache Yoga», sagte Michelle.

Leslie nickte: «Ich habe mir vorgenommen, mit Meditation zu beginnen.»

«Ach», sagte ich schnell, «kennst du dich damit aus? Das wollte ich nämlich auch schon immer mal probieren!» Vergessen war die Frageliste, wir redeten, ganz im Elizabeth-Gilbert-Stil, nur über eines: uns, uns, uns. Und hatten einen wirklich netten Abend.

Eine Woche später schrieb Leslie mir eine E-Mail: «Im Tibet House in New York hält die berühmte Meditationsexpertin

Sharon Salzberg eine Vortragsreihe, «Einführung in die Meditation». Sie ist ganz wunderbar, ich kenne einige ihrer Bücher, ich glaube, sie wäre ein guter Einstieg. Willst du mitkommen?» Klar wollte ich.

Mein Interesse für fernöstliche Entspannungsmethoden bestand seit der Schulzeit. Ich liebte den Gedanken, «eins mit mir selbst» zu sein, «in mir ruhend», die «perfekte Balance zwischen Körper und Seele» haltend – und was einen spätpubertierenden Teenager auf der Suche nach sich selbst noch so faszinieren konnte, wenn andere beliebte Wege, nämlich Sportvereine, Discos oder Räusche, ihm Übelkeit verursachten. Mit einem Tai-Chi-Schnupperseminar und zwei angefangenen Yogakursen war ich fernöstlicher Weisheit allerdings bis heute noch nicht sehr nahe gekommen, das Seminar hatte zur Hälfte aus Teetrinken und Abwarten bestanden, und in den Yogakursen verkrampfte sich mein Körper im verzweifelten Bestreben, zur menschlichen Brezel zu werden, derartig, dass ich in meiner Mitte nichts als einen schmerzhaften Knoten vorfand, der sich am besten mit westlich-aggressivem Joggen lösen ließ.

Aber seit ich einen Sohn hatte, war mein Wunsch, so etwas wie Meditation zu beherrschen, immer stärker geworden. Wie praktisch hätte Autogenes Training in den ersten Monaten mit Finn sein können – *das* sollte mal zum Standard in Geburtsvorbereitungskursen gehören! Die Fähigkeit, sich mit ein bisschen Selbstbemurmelung in einen Zustand friedlichen Gleichmuts versetzen zu können, wäre jedenfalls sehr viel nützlicher als jede Atemtechnik, die man auf Plastikbällen übt, spätestens bei der dritten Wehe schon vergessen hat und die später ohnehin nicht weiterhelfen würde, wenn das Baby um drei Uhr morgens zwei Stunden durch die Wohnung getragen werden will.

Auch jetzt wäre ich als Heldin meiner eigenen Fernsehserie manchmal gerne nichts als die Stimme aus dem Off: eine körperlose, allwissende Instanz, die in völliger Gelassenheit für jede Lebenssituation die passenden, möglichst tiefsinnigen Worte verkünden kann. Und wenn sie keine Lust zum Reden hat, schweigt sie einfach, und das Geschehen nimmt auch ohne sie seinen spannenden Lauf bis zur nächsten Folge, in der sich alle dramatischen Cliffhanger in Wohlgefallen auflösen.

Wenn ich abschalten wollte, hatte ich hingegen das Gefühl, dass in jeder Minute und an jeder Ecke eine Katastrophe drohte. Als Mutter ist es – in meinem Fall jedenfalls – nämlich so: Man ist ständig auf der Hut. In jeder Sekunde seines wachen Lebens. Und beim Schlafen eigentlich auch – wie soll man sich sonst das Phänomen erklären, dass selbst Frauen, die früher ein Erdbeben durchzuschlafen vermocht hätten, als Mütter schon beim ersten unregelmäßigen Schnaufen ihres Babys im Nebenzimmer aufrecht im Bett sitzen? Im wachen Zustand sind die Antennen erst recht ständig auf das Kind gerichtet. Und zwar sowohl, wenn dieses in der Nähe ist (spielt es auch nicht zu nahe an den Blumentöpfen? Kommt es etwa schon an die Messer auf der Küchenanrichte heran? Wird es während meiner 20-Sekunden-Dusche wohl wieder die Haarbürste in die Toilettenschüssel werfen?), als auch, wenn man bei der Arbeit ist (bin ich eine Rabenmutter?) oder im Fitnessstudio mit Kinderbetreuung (beschäftigen sich die dämlichen Sportstudentinnen heute wohl mal mit meinem Engel, oder tratschen sie wieder nur über ihr letztes Wochenende?). Im besten Fall gelingt es einem, alltägliche Erledigungen wie den Besuch im Supermarkt oder ein Mittagessen unter sportlichem Aspekt zu sehen: Schaffe ich es ohne Protestgeheul bis zur Kasse? Landen 80 Prozent des Rühreis im Magen des Kindes?

Bei mir nun kam noch das fremde Land hinzu, das den

ganzen Tag über meine Konzentration erforderte. Denn das ist es, was den Umzug in ein Land mit einer ungewohnten Sprache so anstrengend macht: weniger die «großen Ereignisse» wie eine Wohnungssuche oder bürokratische Formalitäten – so etwas würde man auch zu Hause als ermüdend empfinden –, sondern vielmehr der Alltag, bei mir jedenfalls. Schließlich konnte ich hier nichts, woran ich in Berlin keinen Gedanken verschwendet hätte, mit dem gleichen Automatismus erledigen: Umgangssprachliche Alltagskonversationen, etwa an der Käsetheke im Supermarkt oder am Bankschalter, sind in einer Fremdsprache oft viel schwieriger als das Verstehen komplexer Texte, das man in der Schule gelernt hat. Aber auch das Zeitungslesen konnte ich noch nicht mit der gleichen Entspanntheit genießen wie das Überfliegen meiner Berliner Blätter – wollte ich den Politikteil der *New York Times* wirklich begreifen, musste ich ihn Zeile für Zeile entschlüsseln. Radiohören ging, wenn ich nicht gerade einen reinen Musiksender einschaltete, ebenfalls nicht einfach nur nebenbei. Meinem Lieblingsprogramm NPR (eine Art Deutschlandradio, nur viel lebendiger) musste ich aufmerksam zuhören, um es genießen zu können. Entsprechendes galt fürs Fernsehen – gesegnet immerhin sei die amerikanische Fortschrittlichkeit in Sachen Hörbehinderungen: Für fast alle Sendungen kann man sich nämlich mit einem einfachen Knopfdruck englische Untertitel anzeigen lassen. Was das Verfolgen von Nachrichten ebenso wie der tiefsinnigen Off-Kommentare von *Grey's Anatomy* ungeheuer erleichtert. Amerikanische Umgangsformen und Konventionen im Alltag schließlich waren mir längst nicht so vertraut wie die deutschen – sicher, New Jersey war nicht Saudi-Arabien, doch auch hier wollte ich Fettnäpfchen gerne vermeiden, mich nicht mit Polizeistreifen anlegen und keine Nachbarin vor den Kopf stoßen.

Mit anderen Worten: Abends war mein Geist müde. Nicht dramatisch, ich war nicht so erledigt, als würde ich täglich an der Formel für den Weltfrieden arbeiten, es war vielmehr so ein Gefühl konstanter, unterschwelliger Erschöpfung, das in mir wieder einmal den Wunsch weckte, die Fähigkeit zu besitzen, auf Befehl abschalten zu können.

Und so traf ich mich eines Dienstagabends mit Leslie in der Nähe des Union Square vor dem unscheinbaren Eingang des Tibet House in der 15. Straße. Nur ein lächelnder Buddha im Fenster wies auf den Geist des Hauses hin, und ein freundlicher junger Mann mit asiatischen Gesichtszügen an einer Art Rezeption, der uns den Weg die Treppe hinauf wies. Das Tibet House musste ein ehemaliges Fabrikgebäude sein, jedenfalls landeten wir in einer Etage, die durch nachträglich eingebaute Stellwände ihren Hallencharakter nur notdürftig verbarg. An der Decke liefen Rohre zwischen kleinen Scheinwerfern entlang, und zwischen Postern für Veranstaltungen zum Dalai Lama und Tempelfotos sah man die schmucklosen Wände.

Hinter einer Theke stand ein weiterer junger Mann, der Postkarten, CDs und Bücher verkaufte, die an zwei Stellwänden ausgestellt waren: *Psychotherapie ohne das Selbst, Träume den Lotus, Auf den Spuren der Göttin, Warum der Dalai Lama wichtig ist* und *Tibetisch kochen*. Daneben natürlich einige Titel der Dozentin Sharon Salzberg: *Ein Herz so weit wie die Welt, Die Kraft der Güte, Meditation liebender Güte*. Du liebe Güte, dachte ich. Welche ihrer Bücher hatte Leslie wohl gelesen? Außerdem gab es türkisfarbene Halsketten, beleuchtete goldene Buddhaköpfe und Statuen in allen möglichen Ausführungen.

Vor der Bücherecke stand auf einem Sockel ein Plexiglasquader mit einem Schlitz, einer kleinen Figur und der Aufschrift «Empfohlene Spende: 10 $». Links daneben führte ein kurzer

Gang in den Vortragsraum, auf dem Boden standen bereits zwei Reihen Schuhe. Wir steckten unsere Geldscheine durch den Schlitz. Ich hatte nur einen Fünf- und einen Zwanzig-Dollar-Schein dabei und hoffte, der kleine türkisfarbene Buddha würde meine Wahl nicht mit einer Wiedergeburt als Stinktier bestrafen. Dann zogen wir unsere Schuhe aus und gingen uns Plätze suchen. Wir landeten ganz hinten. Der Saal war schon voll besetzt, alle Altersgruppen schienen vertreten, ebenso unterschiedliche Modetrends und Einkommensklassen. Das mag ich an New York: Prinzipiell interessieren sich hier alle für alles.

Auch Sharon Salzberg hatte bereits in einem Sessel auf dem kleinen Podium Platz genommen, das in der Ecke des Raumes aufgebaut war. Sharon meditierte offensichtlich oft und gerne, jedenfalls näherte sie sich mit ihrer Körperfülle durchaus der Statur eines Buddhas. Sie trug Jeans und ein unvorteilhaft labberiges Sweatshirt, aber die Tatsache, dass sie nicht in weiße Bettlaken oder eine ähnliche Behelfstempelkluft gehüllt war, fand ich sehr sympathisch. Dass es so strahlend hell war in dem Saal, war mir allerdings doch etwas zu unmeditativ.

Aber wir würden auch nicht viel meditieren, wie sich bald herausstellte. Sharon Salzberg machte es nämlich erst einmal wie Elizabeth Gilbert: Sie erzählte von sich. Wie sie sich in der Hektik des Alltags oft wünsche, New Yorks U-Bahn hätte auch so etwas wie den Quiet Car, den «stillen Waggon», den die halbstaatliche Amtrak-Zuggesellschaft in den USA auf manchen Strecken anbietet und wo Handys und laute Gespräche nicht erwünscht sind. Wie sie neulich im Fernsehen einen Film zu sehen versucht habe und ständig von der Werbung aus ihrer Konzentration gerissen worden sei. Wie sie sich freue, dass wieder so viele Menschen gekommen seien, um etwas über die «Meditation liebender Güte» zu erfahren, denn sie sei davon überzeugt, dass Meditation nicht nur das Versinken im Selbst sei, sondern uns auch der Welt gegenüber öffne und uns sensibler mache gegenüber ...

Was uns gegenüber Meditation sensibler machen würde, bekam ich nicht mehr mit. Ich hatte Harvey Keitel entdeckt.

Ich hatte mich nur ein wenig der Welt geöffnet und mich im Raum umgesehen. An den weißen Wänden ringsum hingen abstrakte Bilder. Überall wurden die Stuhlreihen von Vitrinen unterbrochen, in denen Statuen und Tempel aufgebaut waren – einige dieser Tempel sahen aus wie buddhistische Puppenhäuser, sie leuchteten in kräftigen, fröhlichen Farben, waren mit Perlen, Girlanden und Holzschnitzereien überreich verziert, hatten Treppchen, Türen und Tore. Buntbemalte Tiere aus Holz standen in Gärten herum, vielarmige Götter bewachten die Eingänge.

Und hinter einem dieser Glaskästen links neben mir, hinter zwei Zuhörern und der Vitrine, saß, auf einem offensichtlich nachträglich an den Rand der Reihe gestellten Stuhl nahe dem Ausgang, Harvey Keitel. Zwei Normalsterbliche und ein buddhistischer Puppentempel trennten mich von einem der bekanntesten Schauspieler Hollywoods.

Endlich, endlich, hatte auch ich mein New Yorker Promi-Erlebnis! Wo in dieser Stadt doch offenbar jeder Zweite «Uma Thurman wöchentlich auf dem Bio-Markt» sah oder ständig «im Central Park an Woody Allen vorbeijoggte», oder «praktisch Tür an Tür mit Sarah Jessica Parker» wohnte. Schnell stieß ich Leslie an, die gebannt Sharon Salzberg lauschte, und wies auf meine Entdeckung. Leslie riss sofort Mund und Augen auf und grinste aufgeregt. Wir fingen gerade an, flüsternd die Tatsache zu bedauern, dass wir mit ihm in einer Reihe saßen und nicht hinter ihm, von wo aus wir einen besseren Blick gehabt hätten, als ein Hüsteln und Rutschen und Rekeln durch den

Saal ging: Sharon Salzberg bat zur ersten Meditationsübung und hieß uns unsere Augen schließen. Und atmen.

Ich atmete. Und öffnete vorsichtig meine Augen zu kleinen Schlitzen. Schielte nach links. Wären wir beim Yoga, hätte ich diese Übung «Neugierige Kobra» oder so nennen können. Harvey Keitel war ganz in Schwarz gekleidet, barfuß, trug eine schwarze Baskenmütze und eine dunkle Sonnenbrille. Ziemlich strähnige, grau-braune Haare waren hinten zum Zopf gebunden. Ich konnte nicht erkennen, ob er die Augen geschlossen hatte oder mit Hilfe der Neugierigen Kobra prüfte, ob ihn vielleicht irgendwelche uncoolen Nicht-New-Yorker anstarrten. Schnell drehte ich meinen Kopf wieder ganz geradeaus und schloss die Augen. «Fühlt, wie euer Atem durch euren Körper strömt», sagte Sharon mit ruhiger Stimme. «Von der Nase ... durch die Lungen ... den Bauch ... in die Beine ... zu den Füßen.»

Trug Harvey Keitel wohl nie Strümpfe ...? Oder hatten sie Löcher, und er hatte sie peinlich berührt ausgezogen, als er merkte, dass man den Saal nicht ohne Schuhe betreten sollte ... Warum eigentlich durften wir nicht ohne Schuhe hinein ...? Der Raum wurde doch sonst eindeutig für Ausstellungen und wahrscheinlich für alle möglichen Vorträge genutzt ... Wahrscheinlich sollte das die Zuhörer nur einstimmen ... Die Erdverbundenheit betonen und so ... Außerdem machte uns unsere Schuhlosigkeit alle gleich ... Harvey Keitel und ich waren hier auf einer Stufe ... Harvey und ich ... Nichts als atmende Körper ... Harvey konnte als Schauspieler bestimmt besser atmen, das gehörte schließlich zur Schauspielausbildung ... Harvey atmete bestimmt auch «durch die Leber», wie es bei Elizabeth Gilbert einmal heißt ... Oder war es «lächle durch die Leber» ...? Was für einen Schwachsinn man sich bereitwillig anhört, solange er von einem zahnlosen balinesischen Guru kommt ...

Ich öffnete meine Augen wieder ein bisschen und schielte. Nein, besonders lächelnd sah Harvey Keitel nicht aus, wie er sich da so ganz in Schwarz hinter seiner Sonnenbrille verbarg, sondern ziemlich abweisend. Irgendwo in weiter Ferne murmelte Sharon Salzberg: «Spürt, wie die Gedanken fliegen.» Ich schloss meine Augen wieder.

Vielleicht war das auch nur der Prominentenschutzschild, den Berühmtheiten wie Harvey Keitel in der Öffentlichkeit um sich errichten müssen, um in Ruhe gelassen zu werden ... Vielleicht war er zu Hause ein fröhlicher, barfüßiger Springinsfeld ... Ob er seine Schuhe wohl tatsächlich wie alle anderen draußen im Gang hatte stehenlassen ...? Wie sie wohl aussahen ...? Schwarz natürlich ... Teure, aber abgetragene schwarze Lederslipper ... Ob es wohl irgendeine Möglichkeit gab, vor Ende der Veranstaltung unauffällig in den Gang zu schleichen und Harvey Keitels Schuhe zu identifizieren ...? Was, wenn jemand sie stahl ... Wie viel bekam man auf eBay wohl für Harvey Keitels Schuhe ...?

Ein Raunen ging durch den Raum, die Zuhörer streckten sich und sahen sich um. Leslie sah mich erwartungsvoll an. «Ist Sharon nicht toll?» Ich nickte eifrig und meinte, ich sei schon total ausgeglichen. Sharon Salzberg fuhr mit ihrem Vortrag fort, in dem es jetzt um verschiedene Meditationsstufen und ihre Auswirkungen auf Körper und Geist im Alltag, unter besonderer Berücksichtigung von Sharon Salzbergs Alltag, ging. Ich gab vor, den Tempel in der Vitrine zu betrachten, und warf wieder einen Blick auf Harvey Keitel. Er lauschte mit verschränkten Armen Sharon Salzberg. Vielleicht schlief er auch hinter seiner Sonnenbrille.

In meiner eigenen amerikanischen Fernsehserie würden sich stattdessen jetzt unsere Blicke treffen. Harvey würde mich beim Gähnen ertappen und mir verschwörerisch zugrinsen.

Ich würde ganz locker zurücklächeln. Dann würde er mit Gesten fragend nach draußen deuten. Ich würde nicken, mich nach meiner Handtasche bücken und mir mit mehreren «Excuse me! Excuse me! Sorry!» meinen Weg durch die Stuhlreihe nach draußen bahnen. Im Gang vor den Schuhen würde Harvey Keitel, immer noch barfuß, aber ohne Sonnenbrille, mir die Hand reichen.

«Harvey!»

«Dachte ich mir!», würde ich mutig scherzen. «Ich habe mich die ganze Zeit gefragt, ob Sie keine Angst um Ihre Schuhe haben!»

Harvey würde laut meckernd herauslachen und sich dann erschrocken zu dem Saal drehen: «Hoffentlich habe ich jetzt nicht alle aufgeweckt! Und nein, glauben Sie, für diese Treter würde man bei eBay noch was kriegen?» Er würde sich zu einem Paar uralter, ausgelatschter Turnschuhe hinunterbeugen.

«Sicher – mit dem Hinweis, dass sie von Harvey Keitels Fußschweiß durchtränkt sind!», würde ich furchtlos antworten, und Harvey würde mir anerkennend auf die Schulter klopfen: «Sie gefallen mir, junge Frau! Woher kommen Sie?»

«Aus Berlin, Deutschland!»

«Ahhh, Berlin! Die coolste Stadt Europas! Und da kommen Sie zum Meditationskurs nach New York?» Ich würde ihm kurz die Umstände erklären, auch, dass ich mich seit der Geburt meines Sohnes verstärkt für derartige Entspannungstechniken interessierte. Da würde Harvey wieder sein heiser meckerndes Lachen lachen, nicken und ein Foto aus seiner Brieftasche ziehen: «Das ist mein Sohn Roman. Vier Jahre alt. Seit seiner Geburt habe ich mich vor lauter Üben zum Yogameister entwickelt. Kommen Sie mit.»

arfuß, die Schuhe in der Hand, bog Harvey am Ende des Ganges nach rechts in den hinteren Teil der Etage ab. Ich warf einen Blick nach links zum Büchertisch, doch der junge Mann dahinter hatte sich hingesetzt und lauschte mit geschlossenen Augen einer CD, die in einem altmodischen Walkman steckte, den er sachte in den Händen hin und her wog. Harvey öffnete eine Tür mit einem *Emergency*-Zeichen. Dahinter lag ein Treppenhaus. Wir stiegen hinauf, höher und höher, bis wir ganz oben vor einer verschlossenen Tür standen. Harvey drehte am Türknauf – sie war verschlossen. Er griff wieder zu seiner Brieftasche und entnahm ihr eine Kreditkarte und eine Büroklammer. Dann begann er, am Türschloss herumzufummeln. Schließlich trat er einen Schritt zurück und versetzte der Tür in Höhe des Knaufes einen heftigen Tritt. Sie sprang auf. «Hat mir Quentin während der Dreharbeiten zu *Reservoir Dogs* beigebracht!», sagte Harvey grinsend und ließ mich mit einer halben Verbeugung galant vorbeitreten.

Wir standen auf dem Dach des Tibet House. Um uns herum erstrahlte das nächtliche New York. Von unten hörte man Autos hupen, in der Ferne ragte aus dem Lichtermeer deutlich das Empire State Building heraus. Ich war sprachlos. Harvey ließ mich ein paar Minuten die Aussicht bewundern, während er am Handy irgendjemandem ein paar Befehle zu erteilen schien. Schließlich kam er wieder zu mir herüber und meinte nur: «Strümpfe ausziehen!» Ich gehorchte, und kurz darauf standen wir uns barfüßig gegenüber. «So, jetzt bekommst du eine *richtige* Einführung in Meditation! Mach mir einfach alles nach.» Er atmete tief ein und legte dabei seine Handflächen in Brusthöhe aneinander. Er atmete aus. Ich atmete aus. Er hob die Arme und reckte das Gesicht zum Himmel. Er atmete ein, ich atmete ein. Dann streckte er einen Fuß nach hinten aus, beugte erst ein Knie und dann das andere. Einatmen, ausatmen. Von der Straße hupten die Autos, das Empire State Building leuchtete. Ich fühlte mich sehr entspannt. Schließlich saßen wir uns im Schneidersitz auf dem Boden gegenüber.

Da ging die Tür auf, und ein junger Mann mit einer Isolierbox trat aufs Dach. «Zweimal Giovannis Spezialmenü?»

Harvey Keitel nickte: «Ahh, pünktlich auf die Minute! Hierher, mein Junge!»

Der Lieferant breitete zwischen uns eine karierte Tischdecke auf dem Boden aus, stellte zwei mit Alufolie abgedeckte Teller, Besteck, Gläser und eine Flasche Rotwein darauf ab und verschwand, nachdem ihm Harvey etwas zugesteckt und beste Grüße an Giovanni ausgerichtet hatte.

«Der beste Italiener jenseits von Brooklyn», erklärte Harvey, während er die Alufolie von unseren Tellern entfernte und den Duft von Spaghetti in einer dicken roten Tomatensoße einsog. Einer kleinen Papiertüte entnahm er eine Käsereibe und ein Stück Parmesan und rieb uns eine dicke Schicht Käse über die Nudeln. «Kinder zu erziehen», sagte er, während er die Flasche entkorkte und uns Wein einschenkte, «ist, wie eine Rolle in einem Independent-Film zu übernehmen. Man arbeitet unter miserablen Bedingungen, es kostet Schweiß und Tränen und schlaflose Nächte, man ist unterbezahlt und bekommt selten einen Oscar dafür – aber wenn man sich das Ergebnis ansieht, ist man stolzer als auf jede Hollywood-Produktion. Wichtig ist nur», ergänzte er, während er das Glas hob und mir zuprostete, «dass man sich gelegentlich auch Auftritte auf dem roten Teppich gönnt!» Ich erhob auch mein Glas, und wir stießen an: «Auf Yoga und Spaghetti!»

«Liebe und Güte!», sagte Sharon Salzberg. «Vielen Dank fürs Kommen.» Der Saal applaudierte. Als ich mich in Harvey Keitels Richtung drehte, sah ich gerade noch eine schwarze

Schulter durch den Gang verschwinden. Ich griff nach meiner Handtasche unter dem Sitz. «Wollen wir noch was essen gehen?», fragte Leslie. «Ich kenne ein hervorragendes italienisches Restaurant ganz in der Nähe!»

Die Folge, in der eine neue Hauptfigur auftaucht

Als Finn etwa eineinhalb Jahre alt war, blieb eines Monats meine Regel aus. Erst kümmerte ich mich nicht darum, schließlich hatte ich Finn recht lange gestillt, und meine Periode kam seit ihrem Wiederbeginn unregelmäßig. Doch die Möglichkeit einer Schwangerschaft bestand durchaus.

Denn ich hatte angefangen, gelegentlich ein leises Ticken zu hören. Meine biologische Uhr schien mir plötzlich einzuflüstern, dass ich mich dringend weiter fortpflanzen müsse, bevor es zu spät sei. Plötzlich betrachtete ich, verzückter noch als während meiner Schwangerschaft mit Finn, Neugeborene in ihren Kinderwagen.

Mir war eigentlich immer klar gewesen, dass, wenn ich Kinder hätte, es zwei sein würden. Vermutlich, weil ich selbst mit einer Schwester aufgewachsen bin. Und selbst wenn wir nie ein besonders enges Verhältnis hatten und meine Eltern nicht müde werden zu erzählen, wie verblüffend desinteressiert ich von Anfang an an diesem zwei Jahre jüngeren Familienneuzugang gewesen sei – ich weiß noch genau, wie schön es war, immer eine gleichaltrige Gefährtin dabeizuhaben. Im Urlaub zum Beispiel, auf langweiligen Familienfesten oder irgendwelchen Erwachsenenveranstaltungen, auf die uns unsere Eltern mitgeschleppt hatten.

Dann bekam ich Finn und revidierte meine Meinung. Ich konnte mir plötzlich wunderbar vorstellen, ein Einzelkind zu haben. Im Gegenteil, ich fand, dass es kein ausreichender, ja ein geradezu gefährlicher Grund sei, «nur für Finn» ein zweites Kind zu bekommen.

Aber dann wurde Finn älter. Wie er mich anlächelte! Wie er sich vertrauensvoll in meine Arme stürzte! Wie er gelegentlich sein Spiel für einen Moment unterbrach und «Maaa-maa!» rief, um sich kurz zu versichern, dass ich noch in der Nähe war! Oder wie er sich einfach nur hochkonzentriert mit seinem Teddy unterhielt – und ich mich bei dem Gedanken ertappte: «Ich will noch so einen.»

Und schließlich meldete sich, so peinlich das ist, die Perfektionistin in mir. Die wollte eine zweite Chance. Jetzt wusste ich ja: Auch die schlimmsten Nächte haben ein Ende, irgendwann schwächen sich Nervenzusammenbrüche zu Augenringen ab, eines Tages ist der überforderte Vater wieder ein geliebter Partner. Jetzt wusste ich ja, wie's geht, jetzt würde ich alles richtig machen, und zwar ganz locker, mit links, ich würde die coolste Mutter der Ostküste sein.

Ich sprach mit Robert über meine Verwandlung, der aber war nach wie vor unentschlossen. Sicher, er habe ja auch immer zwei Kinder gewollt – aber das erste habe sein Leben dann doch stärker verändert, als er sich das vorgestellt hatte. Wobei das Leben mit Finn ja schon immer wunderbarer werde … Aber ob er noch einmal durch dieses schwierige erste Jahr hindurchwolle …? Und dann mein Alter … Die Risiken … Er wisse nicht …

Nun ist Entschlusskraft in schwierigen Dingen nicht gerade Roberts Stärke. Ich schiebe das gern auf seine Nationalität und interpretiere es als Ausgleich der Natur zum amerikanischen Optimismus-Gen: Wer auch die unangenehmsten Konsequenzen noch in rosigem Licht zu sehen vermag, der kann den Dingen einfach ihren Lauf lassen und der muss sich auch um die Folgen einer womöglich «falschen» Entscheidung weniger Sorgen machen. Während unsereins dann in die «Hätte-ich-nur»-Phase stürzt, macht der Amerikaner das Beste draus.

Also erklärte ich meinem Mann, sollte er jemals zu einer Entscheidung kommen, würde ich sie respektieren – bis dahin aber sei Verhütung allein seine Sache. Mit dem Ergebnis, dass wenige Wochen später meine Regel ausblieb. Ich war nicht sonderlich aufgeregt. Das war einfach zu schnell, zu einfach gegangen. Eher aus Pflichtgefühl denn aus Überzeugung kaufte ich einen Schwangerschaftstest – zum Zeichen meiner Gelassenheit wählte ich bewusst das billigste No-name-Produkt.

Der Test wirkte in seiner amerikanischen Unentschlossenheit ein bisschen wie Robert. In dem Fenster, in dem entweder ein blauer Minusstrich (= nicht schwanger) oder ein Plus-Zeichen hätte leuchten sollen, erschien ein Minusstrich mit einem sehr, sehr kränkelnd blassblauen Längsstrich. Hieß das jetzt ja oder nein? Oder «Lassen Sie sich überraschen»? Da vermisste ich dann doch einen soliden deutschen Test. Bei Finn war das Ergebnis eindeutig gewesen.

Nachdem Robert und ich nach rund 15 Minuten mit unseren Interpretationsversuchen am Ende waren, beschloss ich gemäß der Packungsanleitung, noch ein paar Tage zu warten und den Test zu wiederholen. Aber sicherheitshalber mit einem Markenprodukt. Das aber lieferte das gleiche Ergebnis: «Was wissen denn wir», schienen die blauen Striche zu brummen und damit hinterhältig meine eigenen Gedanken widerzuspiegeln. Denn ich fühlte mich keineswegs schwanger. Und fühlt man so was als Frau nicht? Bei Finn hatte ich mich jedenfalls sehr schwanger gefühlt. Und erst daraufhin einen Test gekauft.

Jetzt fühlte ich mich nur auf den Arm genommen. Drei Tage lang. Bis mir endlich der rettende Gedanke kam. Ich war ja so dämlich! Wozu gibt es die moderne Technik? Ein digitaler Schwangerschaftstest musste her! Ein Sichtfenster, in dem keine orakelhaften Striche, sondern klare Buchstaben standen.

Um die Sache abzukürzen: In meinem Fenster stand «pregnant». Schwanger. Ganz eindeutig. Und doch: «Solange ich nicht die Bestätigung einer Frauenärztin habe, glaube ich erst mal an gar nichts», sagte ich zu Robert, der auch nicht recht zu wissen schien, was er von der Neuigkeit zu halten hatte, und ganz froh war, noch eine kleine Verdrängungsfrist bekommen zu haben.

Denn die Suche nach einer Frauenärztin erwies sich als gar nicht so einfach. Es ist ja ohnehin schon schwierig, die Ärztin seines Vertrauens zu finden, wenn es sich bei den Untersuchungsobjekten um derart private Körperteile handelt. Ich aber konnte nicht einmal einfach ein paar Empfehlungen einholen. Nein, in den USA sind Ärzte an bestimmte Krankenkassen gebunden – ich musste also jeden Namen daraufhin überprüfen, ob unsere Kasse für die Behandlung zahlen würde. Noch dazu war die Gynäkologin auch diejenige, die mich entbinden würde – und zwar in einem ganz bestimmten Krankenhaus, dem sie sich angeschlossen hatte. Und dieses Krankenhaus musste ebenfalls einen Vertrag mit unserer Krankenkasse haben.

Ich musste jetzt also schnell ein Krankenhaus bestimmen. Uff. In Berlin ist es nämlich so, dass Schwangere nach dem dritten Monat eine Krankenhaus-Sightseeingtour veranstalten. Wie viele Hebammen sind zur Stelle? Darf ich meine eigene mitbringen? Wie hoch ist die Kaiserschnittrate? Und sehen die Entbindungszimmer möglichst so aus wie ein Wellnesscenter? Gibt es Kräutertee im Angebot? Und mindestens drei Wannen, falls drei Gebärende sich gleichzeitig eine Wassergeburt wünschen? Krankenhäuser verdienen recht ordentlich an einer Entbindung, weshalb sie durchaus um werdende Mütter werben und regelmäßige Informationsveranstaltungen und Führungen veranstalten. Die Suche kann Monate in Anspruch nehmen. Einige besonders begehrte Hospitäler haben sogar Wartelisten wie in den USA manche Privatschulen, und bei beiden trägt man sich am besten ein, sobald das Kind bohnengroß ist. Ich aber musste jetzt innerhalb weniger Tage entscheiden, wo ich mein Kind zur Welt bringen wollte, um möglichst schnell den Termin bei einer entsprechenden Ärztin machen zu können.

Es ist ja doch erstaunlich, wie schnell man sich entscheiden kann, wenn man muss. Und die Prozedur schon einmal hinter sich gebracht hat und weiß, dass einem während der Wehen die Farbe der Tapeten völlig egal ist, die zwei oder zweiundzwanzig anwesenden Hebammen sich den Kräutertee gerne sonst wohin gießen können und höchstens zählt, dass man die Hand seines Partners zerquetschen kann. Außerdem gibt es in den USA kaum Hebammen, die gelten als skurrile Eigenheit mancher Mütter, die außerdem Bio-Bananen kaufen und während der Schwangerschaft keinerlei Medikamente nehmen wollen – für die medizinbegeisterten Amerikaner, die in, für und gegen alle Lebenslagen erst mal eine Pille einwerfen, eine gänzlich unnatürliche Lebensform. Man kann dementsprechend auch nur in wenigen Krankenhäusern überhaupt eine Hebamme mitbringen, und der zuständige Arzt bleibt in der Regel der Zeremonienmeister.

Ich kontrollierte also nur ein paar Kriterien. Die Kaiserschnittrate zum Beispiel, weil die operative Entbindung – geplant oder ungeplant – in den USA sehr viel häufiger ist als in Deutschland und amerikanische Ärzte schon aus Bequemlichkeit recht schnell einen Kaiserschnitt ansetzen. Ich hingegen wollte ein möglichst deutsches Krankenhaus, das natürliche Geburten unterstützt – also eines, das mir zum Beispiel keine unnötigen Drogen mit fadenscheinigen Argumenten würde aufdrängen wollen, auch damit sind Amerikaner entsprechend ihrer Medizingläubigkeit sehr fix.

Für mich kam da nur eine sogenannte PDA in Frage, und

die ist in den USA sowieso Standard. Das ist eine lokale Betäubung, die die Wehen erträglich macht und unter Puristen auch als verwerflich gilt – ich aber wusste schon vor Finns Geburt: Die will ich, und zwar am besten schon in dem Moment, in dem ich das Krankenhaus betrete. Eine Geburt ist nicht gerade das eleganteste der Wunder, die die Natur eingerichtet hat, so ein bisschen technische Unterstützung muss da schon erlaubt sein. Schließlich kommt ja auch niemand auf den Gedanken, seine Blinddarmoperation «ganz natürlich» in wachem Zustand über sich ergehen zu lassen. Und die kann auch nicht viel schmerzhafter sein als das Gebären.

Auch bei mir hatte zwar schon längst das oft besungene, bei Müttern so typische Verdrängen der Qualen eingesetzt, das die Natur wiederum recht raffiniert eingerichtet hat, um den dilettantischen Geburtsvorgang einigermaßen zu korrigieren. Woran ich mich aber noch sehr gut erinnerte, war, dass ich ungefähr ein halbes Jahr lang nachdem ich meinen riesenköpfigen Sohn auf die Welt gequetscht hatte (und in dessen wunderbarem Kopf sich heute natürlich ein immenser, ganz beeindruckender Schatz an klassischer und emotionaler Intelligenz befindet), wie eine unangreifbare Comic-Heldin durch die Welt lief. Wie Bruce Willis in dem Film *Unbreakable*, in dem er sich nach einem verheerenden Unfall für unverletzlich hält: Ich hatte die Geburt überlebt, mich konnte nichts mehr schrecken, weder ein Zahnarzt noch *Deutschland sucht den Superstar*.

Nach kurzer Recherche hatte ich unter den vier in Frage kommenden Krankenhäusern meinen Wunschkandidaten ermittelt, nach drei weiteren Tagen zwei passende Ärztinnen (um mir eine gewisse Auswahlmöglichkeit zu erlauben) und drei Wochen später meine ersten Termine. Das war die Strafe dafür, dass ich mit Routineuntersuchungen seit meinem Umzug in die USA so nachlässig umgegangen war und jetzt als Neuzugang mit entsprechenden Wartezeiten galt.

In beiden Praxen erwartete mich der nächste Schock. In meiner fortschrittsgläubigen Naivität hatte ich mir amerikanische Praxen immer als Wunder der Technik vorgestellt. Das hier aber waren die reinsten Privatmuseen, mit mehr Zeitschriften im Wartezimmer als Knöpfchen an den Apparaturen und mehr Babyfotos an den Wänden als Apparaturen. Eine Schwester maß meinen Puls mit ihrem Zeigefinger, und meine Urinprobe durfte ich eigenhändig durch den Gang ins Sprechzimmer tragen, anstatt sie durch ein Fensterchen direkt ins Labor zu schieben. Das war ja wie im Mittelalter! Da waren ja die Geräte meines Fitnessstudios moderner! Eine der beiden Ärztinnen ließ sich erst auf mein Drängen hin zu einer Ultraschalluntersuchung bewegen, beide befanden es als hinreichend, die Herztöne meines Babys abzuhören. Denn ja, da war tatsächlich ein Baby. Ich war schwanger.

Und ich war glücklich. Robert, der mich zur ersten Untersuchung begleitet hatte, brauchte zwar noch zwei weitere Wochen, um die Tatsache zu begreifen, aber dann freute er sich sehr. Und nach drei weiteren Wochen ging er die ersten Strampler für unser Ungeborenes kaufen. Er, der nach dem dritten Schwangerschaftstest geseufzt hatte: «Na, wenigstens wird das zweite Baby billiger, außer Windeln brauchen wir ja nichts Neues.» (Minnesotans sind in Gelddingen die Schwaben Amerikas.) Allerdings vertiefte ich mich bald in die wunderbare amerikanische Warenwelt für Neugeborene oder stöberte auf Websites für bezahlbare Umstandsmode, da sind die Amerikaner nämlich viel fortschrittlicher als die Deutschen.

Und dann startete ich ein Kirchenhopping. Denn ich fand die Vorstellung, regelmäßig in die Kirche zu gehen, vielleicht sogar einer Gemeinde anzugehören, neuerdings sehr schön.

Das ist auch so ein klassisches Symptom, das klassische Eltern früher oder später entwickeln. Das Bedürfnis nach metaphysischem Halt, die Besinnung auf traditionelle Werte.

Nur in welche Kirche, das wusste ich noch nicht so recht. Es gab ja schließlich auch mehrere naheliegende Möglichkeiten für uns: die katholische natürlich, wegen Roberts Familie. Protestantisch wegen meiner. Oder gar moslemisch. Allerdings hatte ich längst alle Vorurteile gegenüber Moscheen verinnerlicht – wie sollte ich herausfinden, welche kein Deckmantel für radikalislamistische Fanatiker war? Und dann gab es in Amerika noch die unzähligen Varianten der christlichen Großkirchen. Das Projekt geriet angesichts meiner Ahnungslosigkeit und der Notwendigkeit, wegen des Gottesdienstbeginns regelmäßig auf Roberts selbstgemachte Sonntags-Pancakes verzichten zu müssen, schnell ins Stocken.

Also verlegte ich mich darauf, Robert an die Taufe zu erinnern. Ich! Die Anti-Päpstin drängte plötzlich zur Taufe! Aber wir waren uns darin einig gewesen, Finn den Kontakt zu einer metaphysischen Instanz zumindest zu vermitteln. Und es war uns beiden ernst genug damit, um keine wärmende Seelensuppe mit einer Prise Buddha, einem Schuss Kabbala und ein paar Seiten Mohammed zu meinen. Finn sollte eine solide Grundausbildung bekommen, später konnte er sich dann immer noch umorientieren. Da ich vom praktizierten Protestantismus ungefähr so viel Ahnung hatte wie vom Islam, lag angesichts von Roberts Eltern nichts näher als der Katholizismus. Zumal Gary Finn würde taufen können, und so ein Sakrament vom Opa fand ich sehr anrührend.

Ich hatte meinem Mann also früh angekündigt, dass ich meinem Sohn gegenüber in Sachen römisch-katholischer Enzykliken kein Blatt vor den Mund nehmen und ihm auch ordentlich von seiner türkischen Urgroßmutter vorschwärmen würde, aber er solle jetzt gefälligst die Taufe in Angriff nehmen, die sich seine Eltern doch sicherlich so sehnlichst wünschten (erwähnt hatten sie mir gegenüber natürlich kein einziges Wort). Da dazu aber gehörte, dass Robert an einer Art Katholikenkurs in unserer örtlichen Kirche würde teilnehmen müssen, ist Finn bis heute noch nicht getauft. Und so warten wir jetzt eben eine Doppeltaufe ab.

Derweil setzte sich meine Verwunderung über amerikanische Arztpraxen fort. Ich vermisste meine Berliner Ärztin sehr. Sie hatte mir bei jedem Besuch ein Ultraschallbild in die Hand gedrückt (inzwischen weiß ich, dass das auch in Deutschland keinesfalls die Regel ist), und jedes Mal wurde nicht nur mein Urin, sondern auch mein Blut untersucht. Und ein deutlicher Eisenmangel festgestellt. Und dann gab sie mir noch minutenlang Gelegenheit, über das Schwangersein zu reden. Jetzt aber: kein Foto, kein Bluttest, kein Plausch. Was, wenn die Herztöne nur Blähungen waren? Was, wenn ich demnächst vor lauter eisenmangelbedingter Erschöpfung ins Koma kippte?

Nein, sagte die Ärztin, für die ich mich entschieden hatte, der erste Test sei okay gewesen, so schnell änderten sich Blutwerte nicht, und in ein paar Monaten sei der nächste dran. Und sie sagte das wie üblich im Flur, in den ich ihr wie üblich hinterhergelaufen war, weil mir wie üblich meine Fragen erst nach den zwei Minuten einfielen, die sie mir widmete, das heißt die Herztöne abhörte und einen Blick auf die Urinwerte warf.

Einmal vertrat ihr älterer Kollege sie, und der nahm sich viel Zeit, mir sein Deutsch zu rezitieren, das er ein Jahr lang an der Uni belegt habe: «Heinrich Heine: ‹Die Heinzelmännchen›. Wie war zu Köln es doch vordem / mit Heinzelmännchen so bequem! Sein oder nicht sein, das ist hier die Frage!» Nachdem ich seinen amerikanischen Akzent dechiffriert hatte, fragte ich ihn, wieso sie denn Shakespeare auf Deutsch gelernt hatten, verzichtete aber auf den Hinweis, dass sein Heinzelmännchen-Vers von Heines Zeitgenossen Kopisch stammte. Ausführlich erzählte er mir, wie er mit *Hamlet* während eines Vortrags deutsche Kollegen hatte beeindrucken wollen. Und dass er Dänemark und Schweden bereist habe. Das Englisch der Skandinavier sei ja ganz erstaunlich. Dann fing er an, mir von der deutschen Kultur vorzuschwärmen. Die Musik! Die Literatur! Dabei schob er meine Patientenakte zusammen. Hastig fragte ich ihn, was ich gegen meine extrem trockenen Augen tun könne. «Das ist ganz normal während der Schwangerschaft», sagte er und unterschrieb dabei ein Papier. Ich wartete. Nichts. «Äh, und was kann ich dagegen tun?» – «Augentropfen.» Ich wartete. «Irgendwelche Empfehlungen?» – «Sind alle okay während der Schwangerschaft. Schönen Tag noch. *Auf Wiedersehen!*» Vielen Dank, du Heinzelmann in Weiß.

Umgekehrt hatte ich ungefähr dreitausend Fragen beantworten müssen, noch vor meinem ersten Besuch, auf den zweitausend Formularen, die ich im Wartezimmer in die Hand gedrückt bekommen hatte. Sozialversicherungsnummer, Telefonnummer, Handynummer, E-Mail-Adresse? Wo arbeitete ich, *und warum?* Hatte ich Aids? Hepatitis? *Einen Dackel?* Gab es in meiner Familie Herzkrankheiten, hatte meine Uroma Diabetes gehabt, *mein Urururgroßvater einen Schnupfen?* Und selbstverständlich musste ich mit mehreren Unterschriften versichern, dass ich niemals, unter keinen Umständen und auch unter Todesandrohung nicht gegen die Praxis klagen würde.

Formulare, damit behandelten amerikanische Ärzte ihre Patienten – und Laken. Wurde ich doch einmal «richtig» untersucht, dann bekam ich ein Laken, mit dem ich durchs Zimmer stolperte, damit ich auch ja nicht die eineinhalb Meter zum Untersuchungstisch unten ohne zurücklegen musste und während der Untersuchung selbst halb bedeckt bleiben konnte. Ich wollte kein Laken, verdammt nochmal, ich wollte eine Ärztin mit ungehindertem Blick auf alle geburtsrelevanten Körperteile! Hatte ich mich für die falsche Praxis entschieden? Egal, jetzt war es zu spät, die Maschinerie war in Gang gesetzt, das Krankenhaus schickte mir bereits Informationsbroschüren und noch mehr Formulare. Einer der Flyer fiel Robert in die Hände, *Unser Angebot für werdende Eltern.* Bang fragte er mich: «Aber wir machen nicht noch einen Geburtsvorbereitungskurs, oder?»

Ach ja, der Geburtsvorbereitungskurs. Der ist für viele Väter das traumatische Äquivalent zur Geburt. Roberts Freund in Illinois hatte mit seiner Frau eine Zwei-Stunden-Veranstaltung besucht, bekam die Entbindungsstation und ein Video mit einer Geburt gezeigt. Dann gingen sie wieder nach Hause, nicht sehr viel schlauer als zuvor, aber auch nicht sonderlich traumatisiert. (Ich bin mir sicher, in dem Geburtsfilm waren alle wichtigen Teile mit einem schwarzen Balken diskret abgedeckt. Oder mit Laken.)

In Berlin dagegen musste Robert mit mir und acht weiteren Paaren auf dem Boden Platz nehmen. Natürlich erst, nachdem wir uns alle an der Tür die Schuhe ausgezogen hatten. Wir durften uns auch ein buntes Kissen unterschieben und eine Tasse wohlschmeckenden Kräutertees holen. Ein paar der Frauen kuschelten sich sofort an ihre Männer, als befänden sie sich auf dem heimischen Sofa, schließlich waren wir hier alle so etwas wie eine große glückliche Familie in Erwartung eines natürlichen Wunders. Reihum stellten sich «die Sabine», «der Rainer», «die Gabi» und «der Peter» vor, bis die Reihe an Robert kam. «Ich bin Robert und Amerikaner und meine Deutsch ist nicht so gut, Entschuldigung.» – «No propplämm,

Robert!», rief der Rainer. «Das Deutsch deines Sohnes wird anfangs auch nicht so dolle sein!» Robert lachte höflich, weil die anderen lachten.

Die Kursleiterin gratulierte uns und sagte dann, «jetzt wollen wir uns alle ein bisschen besser kennenlernen und über Schmerzen reden. Die Frauen bitte in die eine Ecke, die Männer in die andere.»

Die Frauen sollten gemeinsam alle ihre Gedanken zum Geburtsvorgang in Stichworten notieren. «Und die Männer sammeln einmal, was ihnen so alles Schmerzen bereitet.» Robert hatte schon bei der Ankündigung, dass die Männer von ihren Frauen getrennt werden sollten, den schreckensstarren Blick bekommen, den Amerikaner «deer in the headlight» nennen, «Reh im Scheinwerferlicht», und den Rest nicht verstanden. Als ich ihm übersetzte, besserte sich sein Zustand nicht. «Was mir Schmerzen bereitet? Mit wildfremden deutschen Männern über Schmerzen reden zu müssen.» Amerikanische Männer aus dem Mittleren Westen reden nämlich nur dann über Schmerzen, wenn sie ihre Schürfwunden vom Mountainbiken oder Körbewerfen vergleichen. Unglücklich trottete er in die andere Ecke des Raumes.

Ich unterhielt mich derweil mit der Sabine, der Gabi und den anderen über unseren großen Tag. Einige hatten ja ganz großartige Dinge über eine Wassergeburt gehört, während bei mir schon der Gedanke an die hilflose Lage in einer Krankenhausbadewanne den Wunsch nach einem Kaiserschnitt auslöste. Wir tauschten auch unsere Haltung zur PDA aus, gelegentlich wechselte eine von uns stöhnend ihre Sitzposition, und die anderen lächelten verständnisvoll.

Dann trafen wir uns wieder in großer Runde und lasen die notierten Stichwörter vor. «Ja», sagte die Kursleiterin, «für Männer ist das Gefühl der *Hilflosigkeit* immer am schlimmsten.

Deshalb machen wir nachher die Atemübungen gemeinsam, damit ihr euren Partnerinnen später dabei helfen könnt.» Oder sie sagte zu den Frauen: «Ja, die *Schmerzen* sind natürlich der große unheimliche Unbekannte. Deshalb zeige ich euch gleich ein paar Atemübungen.» Dann begannen die Atemübungen, mit und ohne Ball, mit und ohne Partner. Am nächsten Tag gab es mehr Bälle und mehr Kräutertee.

Am Ende fühlte ich mich wie in diesen Stepp-Aerobic-Kursen von Fitnessstudios, an denen ich längst aufgegeben hatte teilzunehmen, weil ich mich einfach nicht auf Armbewegungen und Fußschritte gleichzeitig konzentrieren kann. Wie sollte ich mich da auf etwas so Kompliziertes wie die richtige Atmung konzentrieren, während sich doch gleichzeitig ein echter Mensch zwischen meinen Beinen auf die Welt quetschen würde? Nur einmal hielt der Kurs ein paar Aha-Effekte für mich bereit, nämlich als wir eine kurze Einführung in die Anatomie des weiblichen Unterleibs anhand eines Plastikmodells bekamen. Am nächsten Tag ging ich sofort in eine Buchhandlung und wälzte anatomische Fachbücher.

«Jede Frau ist anders», bekommt man als Schwangere gebetsmühlenartig versichert. Das gehört zum psychologischen Beruhigungsprogramm, damit wir nicht bei jedem Wadenkrampf ins Krankenhaus eilen und bei jedem ausgefallenen Haar ausflippen, weil im Ratgeber doch stand, dass die Schwangerschaft die Haare im Gegenteil schöner und kräftiger macht. Nun, ich stellte fest: *Mein* idealer Geburtsvorbereitungskurs wäre wohl eine Anatomievorlesung an der Uni gewesen. Oder ein ungehinderter Blick auf eine Geburt, aus der Hebammenperspektive. Aber lieber ohne Ton.

Also konnte ich Robert jetzt beruhigen: Nein, ich hielte einen neuen Kurs nicht für nötig. Irgendwie würde ich mich schon durch die Geburt durchatmen. Robert atmete vorbildlich auf. Wir konnten uns also ungehindert auf das neue Baby freuen.

In meiner eigenen amerikanischen Fernsehserie käme jetzt eine Folge schnell hintereinandergeschnittener Szenen, von fröhlicher Musik unterlegt, die ein glückliches Paar mit ihrem niedlichen Sohn in spaßigen Situationen zeigen: Wir gingen uns Säuglingskinderwagen anschauen, die auch einem Zweijährigen Platz bieten würden. Wir debattierten im Pyjama über die Nächte, die da wieder auf uns zukamen. Robert kochte mir Fisch, wenn ich «Fisch!» rief, und briet ein Steak, wenn ich «ein Steak!» wünschte. Wir aßen nachts um zehn Milchreis, weil ich manchmal um halb zehn unbedingt einen Milchreis kochen musste. Wir strichen unseren Türkeiurlaub, weil ich nicht mehr fliegen wollte, und fingen stattdessen an, New York intensiver zu erkunden, als uns das mit zwei kleinen Kindern möglich sein würde. Wir besuchten alle Stadtteile – und alle Spielplätze in allen Stadtteilen.

Jetzt ist Sommer, und mein Bauch wächst und wächst. Finn und ich haben ein neues Spiel. Als hätte ich ihn angesteckt, ist er neuerdings sehr stolz auf seinen Bauch, er lüftet sein T-Shirt, wann immer Nachbarn an unserem Balkon vorbeilaufen oder wenn ich ihm die Windel wechsle. Vor ein paar Tagen habe ich schließlich auch meine Bluse hochgehoben und meinen Bauch gegen seinen geklatscht: «Guck mal, Mamas Bauch ist sogar noch dicker als Finns!», habe ich gesagt und ihm erklärt: «Da ist ein Baby drin!» Babys heißen bei Finn *Dada*. Jetzt kommt er gelegentlich angerannt und will Bauchklatschen. Danach zeigt er auf seinen Bauch und sagt mit ernstem Gesicht: *«Dada!»*

Ja, *Dada*. Noch eines? Nach all den Umstellungen, all den Tränen, all dem Sehnen nach meinem alten Leben?

Natürlich habe ich manchmal Angst vor einem neuen Baby. Vor allem vor der Logistik. Mich haben ja schon das Stillen und Wickeln von einem völlig erledigt, wie soll denn das gehen, wenn daneben noch ein Zweijähriger Aufmerksamkeit verlangt? Wie um Himmels willen bewältigen Mehrfachmütter Einkäufe, Arztbesuche, Friseurtermine? Wann arbeiten, essen, schlafen sie? Können sie noch vollständige Sätze bilden? Ein Buch lesen? Denn eines ist mir inzwischen klar: So eine frischgebackene Mutter wie in amerikanischen Fernsehserien gibt es nicht. Das ist ja sogar mir zu unrealistisch. Bree in *Desperate Housewives* oder Miranda in *Sex and the City* – pah! Die einfach nur rosige Babys in schmucken Körbchen mit sich tragen, wenn sie sich wie üblich perfekt geschminkt und gut gelaunt mit ihren Freundinnen zum Essen treffen. Als wären sie nach wie vor die Hauptfiguren. O nein, das kommt für mich nicht mehr in Frage – meine eigene amerikanische Fernsehserie hat jetzt einen neuen Star.

Denn jedes Mal, wenn die Angst mich überfällt, dann schleiche ich abends in Finns Zimmer und sehe ihm beim Schlafen zu. Und manchmal kommen mir dann die Tränen. Hat mein Sohn es endlich doch geschafft?

Da liegt er. Immer noch in einem Schlafsack, immer noch meist auf dem Rücken, die Hände rechts und links neben seinem Kopf. Lächelnd. Mein Baby. Umringt von Mr. Turtle, *Muh*, der Kuh, und *Digg*, dem Tiger, die morgens als Erstes aus dem Bettchen fliegen. Dann kommt sein Schnuller. Anschließend zieht er an seiner Spieluhr, um uns von seinem Erwachen in Kenntnis zu setzen. Abends hingegen dürfen wir «La-le-lu» nicht mehr spielen. Sobald wir an dem Bändchen ziehen wollen, das von dem gelben Halbmond hängt, guckt unser 86 Zentimeter großer Musikkritiker empört und sagt: «No, no!»

Ja, er hat es geschafft. Mit seinem Sinn für Humor, den er

selbstverständlich schon deutlich erkennen lässt, seiner außerordentlichen Gewitztheit, seiner ständigen guten Laune. Ich bin jetzt auch eine dieser Mütter. Mein Sohn ist das Zentrum des Universums, und er ist unfehlbar. Jede Unartigkeit weiß ich mit «einem schlechten Tag», «einem neuen Zahn» oder der Luftfeuchtigkeit zu entschuldigen. Unaufhörlich vergleiche ich seine Entwicklung mit der anderer Kinder in seinem Alter, und prinzipiell schneidet mein Sohn natürlich besser ab. Er läuft schneller, er klettert höher, und dass er vielleicht noch nicht ganz so deutlich spricht, liegt an der zweisprachigen Erziehung, die ihn bald anderen haushoch überlegen machen wird.

Watschelt er auf dem Spielplatz erwartungsvoll grinsend auf einen älteren Jungen zu, der sich naturgemäß wenig für ihn interessiert und ihn gar nicht beachtet, bricht es mir das Herz. Umgekehrt will ich sofort jede Siebenjährige, die zurücklächelt, als Babysitter engagieren. Will Finn mit den Kindern von Freunden spielen, die zu Besuch sind, und die wollen viel lieber fernsehen, während mein göttlicher Junge nacheinander alle seine Stofftiere und *Dodos* anschleppt, verurteile ich die herzlosen Gören (die sich natürlich einfach nur altersgerecht verhalten) mit einer völlig irrationalen Empörung. Und nichts ist gespielter als meine Bescheidenheit, wenn uns Freunde oder Bekannte bestätigen, was ich längst weiß: Finn ist nicht nur ein ungewöhnlich hübscher Junge mit seinen blonden Haaren, die sich bei feuchtem Wetter so niedlich im Nacken kräuseln, und seinen wachen blauen Augen, die mit einem so unwiderstehlichen Vertrauen in die Welt blicken – er ist für sein Alter einfach ungewöhnlich charmant, freundlich gegenüber allen Menschen und interessiert an allem und jedem (vor allem Bussen und Baggern).

Die spielerische Aufmerksamkeit für das Phänomen, dass

wir ungewöhnlich oft in der Öffentlichkeit auf unseren Sohn angesprochen zu werden scheinen, hat bei mir bedenkliche Züge angenommen. Ich zähle jetzt mit. Der Rekord sind fünf Personen während eines 30-Minuten-Einkaufs, eine in fast jedem Gang des Supermarkts. Ich weiß das, weil ich abends Robert davon zu berichten pflege. Und wenn Finn wieder einmal besonders brav und niedlich im Einkaufswagen sitzt und hingebungsvoll die Gratisprobe eines neuen, mit Agavensirup gesüßten Bio-Ananas-Melonenjoghurts löffelt und ihn niemand dabei beachtet, werde ich unruhig. Zum Glück wird er spätestens an der Kasse mit Aufklebern, Guckuck-Spielen oder Winken reich bedacht, sodass ich in der Regel einigermaßen entspannt nach Hause fahren kann.

Ich beobachte auch ganz genau alle Passanten auf der South Orange Avenue, wenn ich mit Finn an der Hand schnell einen Kaffee holen gehe und er stolz wie Oscar darüber zu sein scheint, neben mir herzulaufen, anstatt wie früher getragen zu werden oder im Kinderwagen zu sitzen. Wenn ein Fußgänger nicht einmal ein Lächeln für meinen Sohn übrighat, bedauere ich zutiefst, dass manche Menschen in ihrem armseligen Leben offenbar keinen Blick mehr haben für die Wunder dieser Erde. Ich, die ich einmal, als Finn vielleicht drei Monate alt war, von einem reizenden älteren Ehepaar angesprochen wurde, das sich über seinen Kinderwagen beugte: «Und da gibt es Menschen, die an keinen Gott glauben!» Ich hatte freundlich gelächelt, aber was hatte ich gedacht? «Die sind einfach viel zu erschöpft, um an Gott zu glauben. Und in den vollen Windeln ist er auch immer so schlecht zu erkennen.» Und jetzt sitze ich im Schaukelstuhl neben dem Bett meines schlafenden Sohnes und bekomme feuchte Augen, weil er sich schmatzend auf den Rücken gedreht hat und sein Hinterteil so niedlich in die Luft ragt.

Doch, ich will noch so einen. Nach all den Umstellungen, all den Tränen, all dem Sehnen nach meinem alten Leben.

Vielleicht sind es ja auch die Hormone. Ich habe nämlich sogar einen Yogakurs begonnen. Yoga für Schwangere. «Atmet mit dem Baby. Atmet zum Baby. Atmet durch das Baby», sagt Erica, die Kursleiterin. Ich kauere auf allen vieren in einem mit Rosenöl parfümierten Raum und atme. Das Baby tritt mich. Na, das kann ja heiter weiter.

South Orange, im Juli 2008

Fortsetzung folgt: www.alanyali.de

Abenteuer Leben bei rororo

«Ich bin Mensch, ich habe gelitten, ich war dabei.»
Walt Whitman

Gundis Zámbó
Mein heimlicher Hunger
Ich hatte Essstörungen
und bin geheilt. rororo 62332

Ralph «Sonny» Barger
Hell's Angel
Mein Leben. rororo 61453

Marie Nejar
Mach nicht so traurige Augen,
weil Du ein Negerlein bist
Meine Jugend im Dritten Reich
rororo 62240

Iris Alanyali
Die Blaue Reise
und andere Geschichten aus
meiner deutsch-türkischen Familie
rororo 62134

Carola Stern
Doppelleben
Die bedeutende politische
Publizistin erzählt ihr Leben.
rororo 61364

Jana Hensel
Zonenkinder
rororo 23532

Amon Barth
Breit
Mein Leben als Kiffer
Eine Jugend im Dauerrausch: «Ich
bereue nicht die Erfahrungen, die
ich gemacht habe, sondern dass
ich meine Jugend versäumt und
viele Erfahrungen nicht gemacht
habe.» (Amon Barth)

rororo 62046

Weitere Informationen in der Rowohlt Revue *oder unter* www.rororo.de

© zefa

S 28/3

rororo sachbuch

Wie viel Erziehung braucht der Mensch?
Von Notständen und neuen Wegen